本书出版受甘肃省科技计划资助（项目编号：1506RJZA054）、兰州财经大学副教授专项科研经费资助

中国区际产业转移的微观基础及动力机制研究

王思文 著

中国社会科学出版社

图书在版编目（CIP）数据

中国区际产业转移的微观基础及动力机制研究/王思文著 . —北京：
中国社会科学出版社，2015. 12
ISBN 978 - 7 - 5161 - 7011 - 3

Ⅰ. ①中…　Ⅱ. ①王…　Ⅲ. ①区域产业结构—产业转移—研究—
中国　Ⅳ. ①F127

中国版本图书馆 CIP 数据核字（2015）第 262472 号

出 版 人	赵剑英
责任编辑	刘晓红
特约编辑	黄　朝
责任校对	周晓东
责任印制	戴　宽

出　　版	中国社会科学出版社
社　　址	北京鼓楼西大街甲 158 号
邮　　编	100720
网　　址	http：//www. csspw. cn
发 行 部	010 - 84083685
门 市 部	010 - 84029450
经　　销	新华书店及其他书店

印　　刷	北京君升印刷有限公司
装　　订	廊坊市广阳区广增装订厂
版　　次	2015 年 12 月第 1 版
印　　次	2015 年 12 月第 1 次印刷

开　　本	710×1000　1/16
印　　张	8. 75
插　　页	2
字　　数	168 千字
定　　价	39. 00 元

序　言

随着我国经济快速发展，产业问题开始凸显。近些年，产业转移研究在国内迅速升温，已经成为新的研究热点。从世界各国产业发展规律来看，先进地区的边际产业向后进地区转移是必然趋势。根据"雁行模式论"，日本和亚洲 NIES（新兴工业国家和地区）先后进行了大规模的产业转移，效果较好，为自身经济发展及与后进地区缩小差距都起到了积极的作用。

改革开放之后，中国作为一个发展中国家，在承接发达国家的产业转移过程中，利用劳动力成本低的优势，形成了与发达国家和地区在资源约束上的耦合，中国重点发展的东部沿海地区加速了工业化进程，实现了经济的高速增长。但是，由于国内经济发展的地域不平衡，当时的中西部欠发达地区由于自身软硬环境的约束以及相应政策支持不够，没有条件把握这一机遇。改革开放的深化，东部地区需要进行产业结构调整提升产业竞争力，在产业升级过程中，无论从理论上还是政策偏重上，都是要将不具有比较优势的产业转移到中西部地区。然而大量文献研究发现，作为欠发达地区，中西部并没有像预期的那样顺利地承接产业转移，而且转移的效果大不如人意，原因何在？

本书在对以往研究进行梳理的基础上较深入地探讨了以下问题：

首先，研究了中国区际产业转移的微观基础——企业迁移。国内外学者对企业迁移的因素、形成机理和政策方面的已有研究有助于认识企业迁移活动的基本规律和发展趋势，但目前研究都侧重于讨论影响企业迁移的外部经济与环境因素，缺乏对企业内部因素的考虑。作者认为，企业内部因素对企业的迁移行为有着至关重要的影响，因此研究企业内部因素对迁移行为的作用机制和影响程度变得极为重要。通过对企业迁移决定因素的分析，进一步探究企业迁移的动因，从微观角度解释了产业转移发生的可行性和合理性。

其次，从要素视角研究区际产业转移的动力机制。对于某个具体经济区域而言，在承接国内外产业转移之前，必须弄清产业转移的驱动因素是什么，产业转出与承接的基础和条件是否成熟，以及当前产业转移的决定因素是政府意志，还是利益诱导？应该选择怎样的时机、通过怎样的方式，以及选择怎样的产业（群）承接来自发达地区的产业转移。把握并深化研究这些问题对欠发达地区承接产业转移与可持续发展、东部地区产业升级和向外转移、地区开放战略的设计和政策制定具有极为重要的意义。作者运用微观经济学中的消费者行为理论和生产者行为理论进行建模，对区际层面上是否存在产业转移黏性进行分析，经过实证研究发现大规模的产业转移尚未发生。

本书的主要创新之处在于：（1）对我国工业企业迁移行为进行分析，通过计量方法检验影响企业迁移的因素，避免了国内已有文献仅从定性角度分析企业迁移决定因素，导致分析结论缺乏说服力，从而为企业迁移决策提供更为科学的理论依据。（2）梳理了已有文献对"大规模产业转移已发生"的质疑，从要素视角建立数理模型，研究了产业转移的动力机制问题，并对产业转移是否存在黏性进行实证检验，证实了大规模的产业转移并未发生，产业转移仍然处于黏性状态。

产业转移问题尤其是微观企业的迁移，一直是产业经济学的研究热点之一，对这一问题的深入研究有相当大的难度，要完成有特色的研究需要付出巨大的努力。本书作者尽管做了巨大努力，但不足之处在所难免，一些地方还有待进一步探索和完善，以促使这一领域的研究有一个更大的进展。"一带一路"的提出将成为西部扩大开放的契机，也将为承接东部沿海产业转移提供动力。因此，希望作者今后的研究在深入的基础上多角度论证，并与中国的实践紧密结合。

中国人民大学商学院教授、博士生导师

2015 年 6 月 15 日

目　　录

第一章　导论 …………………………………………………………… 1

　第一节　问题的提出 ………………………………………………… 1

　第二节　研究对象及其概念界定 …………………………………… 3

　　一　产业转移和区际产业转移概念界定 ………………………… 4

　　二　企业迁移概念界定 …………………………………………… 5

　　三　研究范围界定 ………………………………………………… 5

　第三节　研究目标、研究内容和研究方法 ………………………… 6

　　一　研究目标 ……………………………………………………… 6

　　二　研究内容 ……………………………………………………… 7

　　三　研究方法 ……………………………………………………… 7

　第四节　研究路线和研究框架 ……………………………………… 8

　　一　研究路线 ……………………………………………………… 8

　　二　研究框架 ……………………………………………………… 8

　第五节　本书的创新点 ……………………………………………… 11

第二章　文献综述 ……………………………………………………… 12

　第一节　企业迁移和产业转移理论综述 …………………………… 12

　　一　企业迁移理论研究综述 ……………………………………… 12

　　二　区际产业转移理论研究综述 ………………………………… 16

　第二节　企业迁移文献综述 ………………………………………… 25

　　一　外部因素 ……………………………………………………… 26

　　二　内部因素 ……………………………………………………… 27

　　三　政策因素 ……………………………………………………… 28

　　四　区位因素 ……………………………………………………… 28

五　研究方法综述 …………………………………………… 29

第三节　产业转移动力机制文献综述 …………………………… 30

一　比较优势视角 …………………………………………… 30

二　梯度推移视角 …………………………………………… 31

三　要素禀赋、要素成本与要素流动视角 ………………… 31

四　区位与市场视角 ………………………………………… 32

第四节　尚待研究的问题 ………………………………………… 33

第三章　中国区际产业转移的历史、现状及发展趋势 …………… 35

第一节　中国区际产业转移历史沿革 …………………………… 36

一　区际概念的提出与范围界定 …………………………… 36

二　区际产业转移政策沿革 ………………………………… 40

第二节　中国区际产业转移的现状描述、发展趋势和尚存问题 … 49

一　区际产业转移现状描述 ………………………………… 49

二　区际产业转移发展趋势 ………………………………… 57

三　区际产业转移"瓶颈"及求解 ………………………… 62

第三节　本章小结 ………………………………………………… 73

第四章　中国区际产业转移的微观基础：企业迁移 ……………… 75

第一节　中国企业迁移的决定因素 ……………………………… 75

一　企业自身发展的选择 …………………………………… 76

二　来自迁入地资源的引力 ………………………………… 76

三　生产成本逐年攀升带来的推力 ………………………… 76

四　企业迁移集群效应不容忽视 …………………………… 77

五　产业升级和环境压力迫使企业做出迁移决策 ………… 78

第二节　中国企业迁移实证分析：工业企业的经验证据 ……… 78

一　理论分析与研究假设 …………………………………… 78

二　研究设计 ………………………………………………… 81

三　实证检验结果 …………………………………………… 84

四　实证分析结论及研究展望 ……………………………… 89

第三节　中国企业迁移的发展趋势 ……………………………… 89

一　出口企业迁移趋势 ……………………………………… 90

　　　二　本土企业迁移趋势 ………………………………………… 91

　第四节　本章小结 ………………………………………………… 93

第五章　中国区际产业转移的动力机制：要素视角的研究 ………… 94

　第一节　区际产业转移主要影响因素 …………………………… 95

　　　一　要素禀赋和流动性对区际产业转移的影响 …………… 95

　　　二　区位对区际产业转移的影响 …………………………… 99

　　　三　制度和政府行为对区际产业转移的影响 …………… 101

　　　四　制约当前区际产业转移发生的因素 ………………… 102

　第二节　区际产业转移发生机制 ……………………………… 104

　　　一　模型基本假设 ………………………………………… 105

　　　二　要素区际流动条件 …………………………………… 106

　　　三　微观主体决策条件 …………………………………… 107

　　　四　不同假设条件下要素流动对地区经济增长的

　　　　　影响 ……………………………………………………… 108

　第三节　要素自由流动与产业转移黏性 ……………………… 110

　　　一　理论模型推导 ………………………………………… 112

　　　二　实证检验 ……………………………………………… 116

　　　三　结论 …………………………………………………… 120

　第四节　本章小结 ……………………………………………… 120

第六章　结论和政策建议 ………………………………………… 122

　第一节　主要结论 ……………………………………………… 122

　第二节　政策建议 ……………………………………………… 123

参考文献 …………………………………………………………… 125

后记 ………………………………………………………………… 133

第一章　导论

第一节　问题的提出

随着经济全球化进程的不断加快，为了寻求更为有利的生产和经营地点，抢占市场制高点，无论是国家间还是国内区际间，都不同程度地出现了产业转移加快的趋势。由于经济发展在地域上的不平衡，中国东部地区拥有良好的基础设施和优惠政策，经济得到快速发展，加工制造企业密集，而中西部欠发达地区由于自身软硬环境的约束和缺乏相应的政策支持，发展较为落后。在我国提升产业竞争力，进行产业结构调整的背景下，东部地区产业升级压力刻不容缓，一些不具有比较优势的产业亟须转移到中西部地区。

本书首先探讨中国区际产业转移的微观基础——企业迁移。[①] 产业转移是经济发展的基本规律之一，推动产业转移的主体只能是企业而不是政府或其他机构，离开企业研究产业转移是毫无意义的。"产业转移与企业迁移二者存在着互相促进的关系。首先，产业转移推动企业迁移。产业转移是一个地区经济发展到一定程度的必经之路，作为转出地政府，为了实现产业结构升级，必然会出台政策推动企业迁移；作为转入地政府，为了促进当地经济社会发展，会对迁移的企业给予各项优惠政策。其次，企业迁移带动产业转移。率先迁移企业会对后迁移企业产生示范作用。特别是龙头企业的迁移，会带动相关配套企业的整体迁移，大量企业迁移将会促

---

① 魏后凯（2003）指出产业转移的实质就是企业的空间扩张过程，产业转移是大量企业迁移的结果。金碚（2005）认为产业转移的概念是从比较宏观的角度提出来的，从微观角度而言，产业转移的过程就是企业迁移的过程。

进区际产业转移。"①

国内外学者对企业迁移的影响因素、形成机制和政策方面的已有研究有助于我们认识企业迁移活动的基本规律和发展趋势，但从文献数量和内容上看，都存在企业迁移理论研究落后于企业迁移活动实践，尤其是在国内企业迁移的实证分析方面尚存空白。因此，本书期望通过对企业迁移决定因素的分析，进一步探究企业迁移的动因，从微观角度解释产业转移发生的可行性和合理性。

对某个具体地区，承接国内外产业转移之前，我们必须了解推动产业转移的因素是什么，产业在转出与承接两方面的基础和条件是否成熟，当前产业转移的决定因素究竟是政府意志，还是利益诱导？我们应该把握怎样的时机和方式，以及选择怎样的产业来承接来自发达地区的产业转移，如何打造开放型经济的区域市场环境，进一步吸引产业转移。把握并深化研究这些问题对欠发达地区承接产业转移与可持续发展、东部地区产业升级和向外转移、地区开放战略的设计和政策制定具有极为重要的意义。

新中国成立之初，70%的工业集中在面积不到12%的东部沿海地区，分布极不均衡；1953年工业总产值地区变异系数②达到1.232。在当时的国际政治军事环境和计划经济体制下，政府调集全国资源对中西部地区进行了大规模的投资建设。经过30年的发展，到20世纪70年代末，东部沿海地区和中西部地区的产业规模差距呈现明显缩小的趋势。1978年，东部沿海地区的工业总产值比重降到59%，产业布局区域相对较为均衡；1984年，东部地区工业总产值的地区变异系数下降到0.765。

改革开放后，东部沿海地区由于政策倾斜导致的制度创新优势和区位优势，能够顺利承接国际产业转移，使国内产业重心再次向东部地区集聚，区际产业布局变得极为不均衡。2003年东部沿海地区的工业总产值比重上升到72%，地区变异系数上升至1.18。

东部地区经过多年可持续发展，一部分产业出现了资源紧缺、劳动力成本上升、市场过于饱和等问题，失去了竞争优势，从而产生了产业转移的压力和动力。陈建军（2002）对浙江省105家较大规模制造业企业有关产业转移的问卷调查表明，有超过半数的企业有进行对外扩张和产业转

---

① 张玉、江梦君：《安徽承接长三角产业梯度转移的微观视角研究——基于企业迁移的分析》，《中国集体经济》2011年第2期。

② 工业总产值地区变异系数＝各省份工业总产值的标准差/平均值。

移的行为或意愿，且随时间的推移，呈增长趋势。

1999 年 6 月，中央提出了西部大开发战略，2000 年开始正式实施。这一战略的实施标志着地区间经济协调发展成为 21 世纪国家战略。后来，中央又发布了中部崛起和振兴东北老工业基地等战略规划。部分产业由于市场经济的理性选择和中西部地区基础设施不断改善、制度环境逐渐完善，开始出现向中西部地区转移的趋势。

从世界各国产业发展规律来看，先进地区的边际产业向后进地区转移是必然趋势。考虑到成本因素，根据"雁行模式论"，日本和亚洲 NIEs（新兴工业国家和地区）先后进行了大规模的产业转移，为自身的经济发展和后进地区缩小差距起了积极作用。中国在承接发达国家产业转移过程中，通过利用劳动力成本低的优势，与发达国家和地区形成了在资源约束上的耦合，使中国特别是东部沿海地区，成功地利用了发达国家产业升级调整的机会，加快了工业化进程，从而实现了经济的高速增长。

从国内来看，东部地区经过 20 多年的高速增长，产业升级问题日渐突出，由于更多的资源都被用于发展技术密集型产业，因此资源密集型和劳动密集型产业的生产成本上升，客观上要求将这些产业转移。然而大量文献研究发现，中西部作为欠发达地区并没有像理论预期的那样顺利承接东部产业转移，学者们从劳动力成本差异（罗浩，2003；谢丽霜，2005；刘嗣明等，2007；冯根福等，2010；云伟宏，2010）、东部地区的区位优势以及中西部基础设施建设的缺陷（魏敏等，2004、2005；谢丽霜，2005；黄福才等，2007；冯根福等，2010）等视角出发，在一定程度上解释了欠发达地区并未大规模承接来自国外或东部地区产业转移的原因。

第二节　研究对象及其概念界定

长期以来，受国际经济形势以及国际产业转移实践的影响，早期关于产业转移的定义范畴，大多停留在发达国家为了寻求要素比较优势而将衰退型产业转出层面。后续研究中，产业转移逐渐扩大到了扩张型产业，不再仅仅局限于衰退性产业，而且从性质、方式和效应等方面，学者补充和丰富了产业转移的定义。

一　产业转移和区际产业转移概念界定

从严格意义上来讲，国内外学者对于产业转移的定义还没有形成完整、一致的表述，有代表性并得到认同的概念是：产业由某些国家或地区转移到另一些国家或地区。但这一概念仅仅是从地域或者空间的角度描述产业转移现象，并没有从本质上阐述这个概念。

陈建军（2002）、顾朝林（2003）认为产业转移是一个具有时间和空间维度的动态过程，既是对生产要素空间移动的描述，也是对不同产业部门形成与演进历史的梳理。产业转移常常以相关国家或地区间的投资、贸易以及技术转移活动等形式表现出来，因此，很难将产业转移和国际间或地区间的投资和贸易及技术转移活动区分开来（陈建军，2002）。卢根鑫（1994）指出产业转移是一种新质的经济运动过程。而王文成等（2004）则提出产业转移应该是资源的流动过程和优化配置过程。王先庆（1998）认为产业转移的实质和关键是资本转移。李新春（2000）对产业转移做了如下界定：产业转移是指整个产业从一个经济地区向其他地区的转移，他认为香港的制造业大规模向大陆投资设厂不能称为产业转移。

对于区际产业转移，陈红儿（2002）、刘嗣明等（2007）认为，区际产业转移是在市场经济条件下，发达地区的部分企业顺应区域比较优势的变化，通过跨区域直接投资，把部分产业的生产转移到欠发达地区进行，从而在产业的空间分布上表现出该产业由发达地区向欠发达地区移动的现象。陈建军（2002）指出，区际产业转移是包含地区间投资与贸易活动的综合过程，既是对产业构成要素区际移动的描述，也是区际产业分工形成的重要因素，还是转出地与转入地实现产业结构调整和产业升级的重要途径。

以上学者所持的产业转移概念大多是从广义上进行描述，将产品市场扩张或迁移也视作产业转移。现有研究中，魏后凯（2003）等将产业转移进一步细化，形成了狭义概念。魏后凯（2003）研究了产业转移的微观主体——企业行为，他认为产业转移的实质是企业的空间扩张，同时也是企业区位和再区位（relocation）的调整过程。王先庆（1998）、陈计旺（1999）、郑燕伟（2000）认为产业转移是衰退产业实现退出的一种重要方式，是经济发展过程中区际比较优势转化的必然结果。陈刚等（2001）、潘伟志（2004）、吴晓军等（2004）对成长产业和衰退产业的空间转移作了明确区分，根据产业转移主体的性质和动机的不同，将产业转移分为扩张性转移和撤退性转移。肖顺发（2007）认为产业转移按照国别或地域区别，可以分为产业的迁入性转移和迁出性转移。迁入性转移对于产业迁入地的国家或地区，处在被转移产业的低端或是产业的劣势端，迁出性转移则与迁入性转移相反，对于产业迁出地的国家或地区而言，处于被转移产业的高端或是产业的优势端。羊绍武（2008）则将产业转移理解为两层含义：其一是产业的纵向转移，即生产要素的产业间转移，如农业劳动力向非农业转移；其二是产业的横向转移，即产业的区际转移，从"产业成熟区域"向"产业潜力区域"转移。这种提法在前人的基础上更进了一步，更符合产业转移的实际。

二 企业迁移概念界定

企业迁移（Migration or relocation of a firm）是企业区位调整的一种特殊形式，通过对市场容量、消费者偏好、环境规制和技术进步等方面的调整来实现（Pellenbarg et al.，2002）。Ebels（1997）定义企业迁移是一个"调整的过程，一个区域较另一个区域更能够满足企业的需求"。Buckley（1997）认为企业迁移是对降低劳动力成本，保持企业竞争优势行为的一种强化补充。Carter（1999）从空间角度认为企业迁移行为是一个企业最根本的战略决策，是企业在组织生命（organizational life）中的共同特征。金碚（2005）认为企业迁移的实质是企业区位的再选择过程。当考虑到企业迁移在跨国层面上的定义时，"迁移"（relocation）是指通过伙伴国或合资企业之间的协议进行的生产活动转移，甚至可以包括国际分包（Mucchielli et al.，1997）。

在本书的研究中，由于仅涉及一国内部区际企业迁移，因此将企业迁移定义为：企业为了寻求新的产品扩张空间，而将经济活动全部或部分迁移到新的区域。对中小企业而言，企业迁移是指从 A 区位到 B 区位的变化，对大企业而言，是指企业的空间扩张，包括企业的关闭、合并和拆分（Pellenbarg et al.，2002；白玫，2003）。

三 研究范围界定

本书研究的区际产业转移是指一国内部不同地区之间的产业转移。对区际产业转移的研究主要侧重两个问题：第一是企业迁移，即产业转移的微观基础，探讨企业迁移的影响因素；第二是动力机制，研究产业转移的驱动因素。所遵循的路径是：通过对中国区际产业转移的微观基础和动力机制的分析，解释了产业转移发生的时间、条件和动因，为欠发达地区承接产业转移的路径选择提供参考。

本书研究的区际产业转移的对象主要是制造业。从产业界定的角度来说，诸多产业部门中，农业属于规模报酬递减产业，发展主要依赖于土地资源的总量，因此，农业的转移非常困难。而服务业随着城市化、工业化进程的推进而发展，很大程度上受到制造业发展的制约。制造业的发展取决于土地、劳动力、资本、技术等要素的共同作用，具有收益递增的特征，考虑到区域分工、区域产业结构差异以及要素禀赋和流动性的差异，制造业将出现不断转移的趋势。从产业发展角度来说，制造业与工业化进程紧密相连，反映了一国产业甚至经济的发展水平。我国目前正处于工业化加速发展的过程中，产业结构的演变也主要集中在制造业部分，因此本书所探讨的区际产业转移的研究对象主要限于制造业。

由于书中采用"东、中、西"三大区域以及"发达地区、欠发达地区"的划分方法进行分析，因此需要对区域范围进行界定。根据划分标准，"东部地区包括北京、天津、辽宁、河北、上海、浙江、江苏、山东、福建、广东和海南11省市；中部地区包括山西、黑龙江、吉林、安徽、河南、江西、湖北、湖南8省；西部地区包括内蒙古、重庆、广西、四川、云南、贵州、陕西、甘肃、青海、宁夏、新疆、西藏12个省市自治区"。① 发达地区指东部沿海地区，欠发达地区指经济相对落后的中部和西部地区。

第三节　研究目标、研究内容和研究方法

一　研究目标

本书在对产业转移理论和实证研究成果进行系统梳理的基础上，从微观和宏观两个不同视角对中国区际产业转移进行多维度的分解和测度，重点考察产业转移的微观基础和动力机制，从理论上解释企业行为在产业转移过程中的重要作用以及区际产业转移的驱动因素。从影响企业迁移的相关因素出发引入并拓展相关理论模型，实证检验各因素对迁移决策行为的

---

① 将我国划分为"东、中、西"三个地区的时间始于1986年，1997年全国人大八届五次会议决定设立重庆为直辖市，划入西部地区，2000年国家制定的在西部大开发中享受优惠政策的范围增加了内蒙古和广西，因此将它们并入西部地区进行分析。

影响。同时，运用微观经济学理论对区际层面上是否存在产业转移黏性进行分析，找出区际产业转移的驱动因素。本书通过对产业转移微观基础和动力机制的理论和实证考察，进一步深化了产业转移的研究，阐释了产业转移对我国经济发展所起的作用，为我国产业政策的制定和调整提供理论上的指导和借鉴。

二 研究内容

首先，对相关研究文献进行梳理，找到现有研究中存在的相对不足之处，为进一步深化研究提供新的研究方向。

其次，对企业迁移外部影响因素进行多维度分解，考察影响企业迁移行为的具体变量，分析各因素对企业决策的影响。目前，国内外已有研究都侧重讨论影响企业迁移的外部经济与环境因素，缺乏对企业内部因素的考虑。国内已有学者对民营企业进行了研究，但是并未区分例如企业所有制形式等企业自身的因素对迁移决策行为的影响。本书认为，企业内部因素对企业的迁移行为有着至关重要的影响，因此，研究企业内部因素对迁移行为的作用机制和影响程度变得极为重要。

再次，研究区际产业转移的驱动因素。通过建立理论模型，分析了区际产业转移的动力机制，然后针对目前已有文献所提出的"产业转移黏性（或梯度转移黏性）"进行检验，从而判断区际产业转移行为是"被迫"还是"自选择"，究竟是由于政府间的锦标竞争而被迫转入本不具备优势的地区，还是通过自选择，利用要素价格差异或是区位差异而找到适合的地区。通过对产业转移的动力机制的研究，我们希望为欠发达地区承接产业转移提供政策指导和路径选择。

最后，本书在理论和实证分析的基础上，对研究结果加以总结，并提出相应的政策建议。

三 研究方法

第一，宏观研究与微观研究相结合。本书考察区域、产业、企业，分属宏观、中观和微观的研究范畴。产业转移的微观主体是企业行为，从中观来看是区际分工形成的重要因素，从宏观来讲，是产业移出地和承接地产业结构调整和升级的重要途径。因此产业转移涉及研究的三个不同维度，采用宏观与微观相结合的方法是本书的研究具有科学性和综合性的保证。

第二，理论分析与实证分析相结合。本书将首先尝试在理论模型构建和推演的基础上，结合中国的实际从实证上解释区际产业转移的动力机制。理论上的分析在于说明因变量与自变量作用的内在机制，实证分析在于验证理论上内在作用机制在实践中的有效性。

第三，动态分析与静态分析相结合。由于产业转移是一个动态过程，因此无论从宏观还是微观层面，无论进行理论还是实证分析，都需要在动态过程中进行考察，才能更科学地分析产业转移的变化过程和变动趋势。一个动态过程又是由若干个截面的静态过程构成，静态分析不但可以细致地探讨地区间的经济联系，而且通过和动态分析的结合，能够更好地解释区际产业转移的动力机制。因此，本书在整个分析过程中都采用动态分析与静态分析相结合的方法。

第四，综合使用图表分析、统计和计量分析等研究方法。为了测度特定变量在时间维度上的变化趋势，本书使用大量的图表进行分析说明。对于相关变量的数值，首先进行系统的整理和测度，做出简单的统计分析，然后在理论分析的基础上进行计量检验。统计分析是进行计量分析的基础，计量分析能够帮助我们深化对于统计分析的认识。综合方法的使用，可以使我们对产业转移的微观基础和动力机制进行全面的研究。

第四节　研究路线和研究框架

一　研究路线

本书的研究路线如图 1 - 1 所示。

二　研究框架

第一章，导论。本章主要介绍了中国区际产业转移这一问题的提出背景，界定了研究对象和范围，明确了研究目标、内容和方法，并图示了对该问题的研究路线。

第二章，文献综述。本章对产业转移的微观基础和动力机制相关文献进行梳理，研究发现目前在产业转移微观基础这一领域，理论研究较为成熟和丰富，国外研究着重讨论了影响企业迁移的外部经济和环境因素，但缺乏对企业内部因素的考虑。而国内研究较多地关注于迁移的动因研究，更侧重理论分析，对企业迁移的实证分析涉及不多。欠发达地区如何承

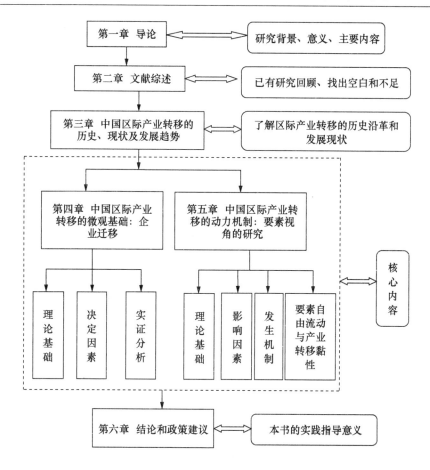

图 1-1 研究路线

接来自发达地区的产业转移是近几年产业转移问题研究的热点。不同学者从不同角度分析了影响区际产业转移的因素，大多围绕着比较优势展开论述，主要分析成本因素对产业转移的影响。然而一些国内文献研究发现，中西部地区并没有像理论预期的那样顺利承接东部产业转移。造成这种现象的主要原因是在产业转移过程中存在着诸多延缓产业转移的因素，从而形成产业转移黏性。

第三章，中国区际产业转移的历史、现状及发展趋势。本章从中国区际产业转移的历史和现状入手，首先分析了中国区际产业转移的历史沿革。从"区际"这一概念的提出和范围界定开始，对中国区际产业转移政策的沿革做了描述，将区际产业转移政策的制定和实施分成三个阶段：第一阶段是 1949 年以前，抗战时期的区际产业转移。第二阶段是

1949—1978年，计划经济体制下的区际产业转移。第三阶段是 1979—2001 年，中国加入 WTO 前，计划经济向市场经济转轨时期的产业转移。接下来，我们采用历年中国各地区的数据分析了目前区际产业转移的现状、发展趋势和亟待解决的问题。最后，本章根据东部沿海地区和中西部地区在产业转移中承担的角色不同，所起的作用不同，分别分析了两个地区当前在区际产业转移过程中存在的发展"瓶颈"。

第四章，中国区际产业转移的微观基础：企业迁移。本章研究产业转移的微观主体企业迁移，本章第一部分通过对中国企业迁移决定因素的理论分析，找出了企业迁移过程中，决定迁移的因素有以下几个方面：第一，企业迁移是企业自身发展的选择。第二，迁入地资源供给的优势在一定程度上促使企业从资源供给不足的地区迁入资源富裕地区。第三，当企业面临着生产成本逐年攀升的压力时，迁移决定也就不难理解了。第四，企业迁移的集群效应使得迁移成本能够降低，迁移风险得以分摊。第五，发达地区产业升级和环境压力迫使一些劳动密集型和污染型企业不得不做出迁移决定。本章第二部分采用中国制造业企业数据对企业迁移的决定因素进行了实证检验，研究结果发现：①迁移倾向随着企业规模的扩大而降低。②老企业和新企业同样具有较高的迁移倾向。③出口企业较内销企业而言，具有较低的迁移倾向。④服务于大市场的企业和拥有低水平基础设施的企业具有较高的迁移倾向。本章第三部分我们区分出口企业和本土企业，分析了中国企业迁移的发展趋势。研究表明，出口企业目前存在两种迁移趋势，一是向国内的中西部地区迁移；二是向东南亚和非洲地区迁移。然而本书认为，中国出口企业整体大规模向东南亚等国迁移的条件还不成熟。考虑到东部地区和中西部地区发展的梯度差，以及中西部地区广袤的资源优势，沿海企业的迁移趋势主要是"东企西进"。

第五章，中国区际产业转移的动力机制：要素视角的研究。本章从要素视角切入，分析了中国区际产业转移的动力机制问题。第一部分对影响区际产业转移的几个主要因素进行了分析。首先是要素禀赋和流动性对区际产业转移的影响。其次是区位因素对区际产业转移的影响，主要从基础设施、运输成本和集聚程度三方面进行了分析。最后讨论了制度和政府行为对区际产业转移的影响。在分析了主要影响因素之后，我们根据现实情况，提出了制约当前区际产业转移发生的几个因素，它们分别是：地区间经济发展不平衡、市场经济体制不完善、东部地区产业集群化、要素自由流动和欠发达地区的阻碍。本章第二部分建立理论模型阐述了区际产业转移的发生机制，分析了要素在区际间流动的条件和微观主体的利益最大化决策条件，然后在此基础上推导了新古典和新经济地理对规模报酬假定不同的前提下，要素流动对发达地区和欠发达地区经济增长的影响。最后，我们针对当前存在的产业转移黏性问题，在新古典理论框架下，通过基于CES函数的推导和对东部地区数据的验证，得出劳动丰裕地区的剩余劳动力外流进一步抑制了资本丰裕地区的资本外流。劳动密集型企业不用通过资本西迁，便可获得较为廉价的劳动力，从而存在产业转移黏性现象，因此没有出现梯度转移理论中所设想的随着经济发展，推移速度加快，进而缩小地区间梯度差距，实现经济均衡发展。

第六章，结论和政策建议。在前五章的研究基础上，总结本书的主要结论，并根据结论提出相应的政策建议。

第五节 本书的创新点

第一，已有对产业转移的微观基础研究中，国内学者通过案例分析和问卷调查的方法考察了企业迁移的影响因素，但由于数据和方法所限，案例分析仅从定性的角度对影响企业迁移的内外部因素进行了分析。问卷调查虽有调查数据作为支撑，但遗憾的是，并没有相关文献对问卷结果做进一步的计量检验。而这一领域的研究，国外学者利用问卷调查所得数据或统计数据，对企业迁移的影响因素做了细致地检验，从而得出了较国内研究更为可信的结论。本书对我国工业企业迁移行为进行分析，通过计量方法检验影响企业迁移的因素，避免了国内已有文献仅从定性角度分析企业迁移决定因素，导致分析结论不具备说服力，从而为企业迁移决策提供更为科学的理论依据。

第二，本书梳理了已有文献对"大规模产业转移已发生"的质疑，有学者通过研究提出产业转移存在黏性，大规模的产业转移并没有发生，东部也没有丧失比较优势。本书从要素视角研究，建立数理模型，推导了产业转移的驱动因素，并对产业转移是否存在黏性进行实证检验，进一步探寻产业转移的动力机制，证实了大规模的产业转移并未发生，产业转移仍然处于黏性状态。

第二章 文献综述

近年来，随着我国经济快速发展，产业问题开始凸显，产业转移研究在国内迅速升温，逐步发展成为研究热点。总体上，国内学者在这一领域的研究现状是重实证少理论，而国外则是理论研究多于实证研究；国内研究较多关注宏观角度，从区域发展或政府行为角度来分析产业转移，而国外研究则较多涉及微观领域，从企业迁移的视角切入；国外起步较早但成果散见于各个学科领域，未形成一个理论体系，国内研究则缺少对理论的深层次关注。如何在产业转移的探索中将国内研究和国际接轨、如何实现宏观和微观的同时兼顾、理论和实证的完美结合，是摆在我们面前的一个重大问题。本章通过回顾国内外产业转移研究进展，围绕产业转移研究的微观基础和动力机制展开综述，并对研究现状进行述评，以期对产业转移的进一步研究有所裨益。

第一节 企业迁移和产业转移理论综述

一 企业迁移理论研究综述

企业迁移的理论基础包括新古典企业迁移理论、企业迁移行为理论以及新制度企业迁移理论。

（一）新古典企业迁移理论

新古典企业迁移理论源自古典经济学，考虑利润最大化或成本最小化。理论假设理性企业会选择利润最大化的最优区位，促使企业迁移的主要因素是劳动力成本和运输成本。

古典区位论由 Isard 于 1956 年提出，核心是企业根据生产成本最低点确定最优生产区位，因此又称作成本学派。韦伯的后续研究将成本学派发展成系统学说，称为工业区位论。产业区位根据投入和产出的运输成本最小来决定。

　　Rawstron（1958）和 Smith（1966、1971）提出了空间盈利边界的概念，空间盈利边界是指企业配置在一定范围内才能获利，超过这一边界就会亏损。假设企业开始在空间边际收益率的范围内选择了最佳的位置 P，由于受到外界条件和企业自身发展的变化，P 不再是最佳位置。在不考虑搜寻成本和运费的情况下，企业将会采取迁移行为。Smith 认为如果企业不迁移，那么企业将在低于该产业利润率的水平上生产，不久将会亏损，因此企业必须选择迁移。企业迁移决策受到推力的作用，使得企业离开现有区位。如果存在运输费用和信息不对称，一个次优区位进行迁移的可能性很大，如果企业所处位置仍然在空间边际收益率的范围内，但决策者发现其他位置的收益率更高，那么企业迁移就会受到拉力的驱使，吸引企业寻找其他区位。但是企业还有受到阻力因素，使它留在当地。这一因素主要与迁移引起的固定和可变成本有关（如图 2 - 1 所示）。

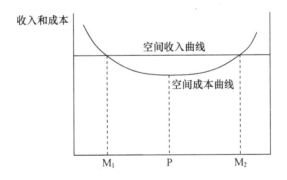

图 2 - 1　空间盈利边界

　　根据新古典区位理论的思路，Nakosteen 和 Zimmer 在 1987 年发表了《制造业企业的区域迁移决定》（*Determinants of Regional Migration by Manufacturing Firms*），文中提出了解释企业迁移决定的模型，他们认为，企业利润决定了企业的迁移行为。安德森等（Anderson et al.，1992）对企业空间均衡进行了研究，建立了企业区位均衡的两个模型。一是价格与区位同时发生的博弈模型，二是先区位后价格的博弈模型。

　　Nakosteen 和 Zimmer 假设企业目标是利润最大化，从而单个企业在产品市场和要素市场都是价格的接受者。假设地区 j 的企业 i 的利润函数为：

$$E_{ij} = E(X_i, \ Z_j, \ \varepsilon_{ij})$$

其中，X_i 代表考察的企业或者市场特定要素；Z_j 代表考察的区位特定因素，ε_{ij} 代表企业迁移时没有观察到的特定影响因素，企业区位要素假设随着企业和产业的不同服从随机分布。

模型继续假设企业对自己的利润与临界值之间的差异会经常监控。当出现：

$$E_{ij}(X_i, \ Z_j, \ \varepsilon_{ij}) < E_k$$

按经济学理论，在长期，如果价格不能弥补平均可变成本，企业将会停产或者关闭。然而在现实经济中，企业则可能会考虑迁移到低成本地区，使利润率再次提高到临界值 E_k 之上。因此企业是否迁移取决于两地成本利润的比较。

模型将企业迁移看作资本投资项目，在时间 t 这项投资所带来的利润增加为：

$$PVi(t) \ = \int_t^\infty (E'_{ij} - E_{ij})^{-rt} dt - C'_{ij}$$

其中，j 代表竞争区位，r 代表股东贴现率，C'_{ij} 则代表迁移成本的现值。企业决定是否迁移的前提条件是目标区位与现有区位之间的盈利差额贴现值大于企业迁移成本，也就是 $PVi(t) > 0$。[①]

新古典迁移理论认为，企业迁出城市的中心地区可以导致农村地区的快速发展，使外部的资金、技术信息传递到农村，从而创造新的就业机会（Ahlburg, 1996；Solinger, 1999）。

（二）企业迁移行为理论

在不完全信息和不确定条件下，当利润最大化不是企业的最终目标时，新古典企业迁移理论无法解释企业迁移的内在动力。因此我们需要探寻更深层和更本质的因素来考察企业迁移过程中决策者的决策行为，以及做出该行为所面临的约束。

企业迁移行为理论源自企业行为理论，该理论假设决策者不具有完备的知识，特别是在企业迁移的决策问题上，管理者由于自身的局限，很难把所有途径和结果考虑到，因而追求的可能是自身的效用最大化（Williamson, 1964）。Simon（1959）、Cyert 和 March（1963）建立了企业行为

---

① 白玫：《企业迁移的三个流派及其发展》，《经济学动态》2005 年第 8 期。

理论，该理论强调"合适行为"（satisfier behavior）而非"最优行为"（optimizing behavior）。Pred 等（1967）将企业行为理论引入到企业迁移决策中。企业迁移决策过程分为以下几个阶段：第一，是否迁移；第二，迁往何处；第三，对新区位的考察；第四，选择新区位；第五，对整个过程评估（Lloyd and Dicken，1977；Hayter，1997）。

Townroe（1972）提出了五阶段决策模型，分别为刺激、问题说明、寻找、明确表达并比较可选方案、选择和行为。其中选择阶段又可进一步细分为八个步骤。之后 Lloyd 和 Dicken（1977）提出了较 Townroe 复杂的模型，但是在实证研究中很少被使用。

Louw（1996）在博士论文中建立了荷兰大办公室区位选择的决策阶段模型。将决策过程分为三个阶段，分别为意向阶段、选择阶段和谈判阶段。模型中认为地理位置、交通便利性、环境等空间因素在第一阶段和第二阶段起重要作用，金融和合同因素在第三阶段作用很大，它是企业谈判的结果。当企业决定自己建造厂房时，空间因素在决策过程中非常重要，但是当企业决定租用厂房时，空间因素对企业决策过程并不是很重要。

Pen（1998）在 Louw 的基础上提出了更多阶段的企业迁移决策模型，其包括七个阶段：①问题识别；②问题诊断；③战略形成；④搜寻阶段；⑤选择阶段；⑥发展阶段；⑦实施阶段。其中，较为重要的是问题识别、搜寻阶段、选择阶段和实施阶段。

Pellenbarg（2005）对 Louw 和 Pen 的研究进行了进一步的发展，提出了五阶段模型，分别为迁移与否的决策、可选区位的研究、可选区位的评价、新区位的最终选择、新区位的评价。

行为理论主要存在以下几个方面的不足：一是过度依赖于问卷调查和实证研究，使用大量描述和探索性方式得出结论，从而缺乏适用性较强的解释模型。和新古典理论一样，行为理论对区位因素关注过多，而在企业内部生产、投资和扩张过程等方面关注较少。二是行为理论过多地考虑了社会和心理等变量，从而忽视了经济变量。

（三）新制度企业迁移理论

自 20 世纪 80 年代开始，学术界出现了对新古典企业迁移理论和企业迁移行为理论的批评，两者都是在静态条件下研究企业迁移决策机制。但是在考虑企业迁移时，不仅要考虑决策行为，而且要考虑这些行为中的社会和文化内涵。

新制度企业迁移理论的假设是：空间经济过程是由社会、文化制度和价值系统组合而成，并不是由企业的区位行为来决定。企业区位行为是企业与政府、公会和供应商等针对一些企业生产过程中的关键因素，如价格、工资、税收等谈判所得到的结果。

这种研究方法适用于大企业，因为大企业具有较强的谈判和议价能力（Pellenbarg et al.，2002）。对于小企业来说，尽管它们只能接受强加的环境（Hayter，1997），但该理论在一定程度上仍可以解释中小企业的区位行为。首先，区域环境对企业成长很重要；其次，政府政策是影响中小企业行为的主要因素之一；最后，房地产市场对中小企业迁移也是重要的制度安排之一（Pellenbarg et al.，2002）。

二 区际产业转移理论研究综述

产业转移的理论是紧随着产业转移的实践而发展的。从理论渊源来分析，产业转移理论有两个源流：第一是产业发展理论，第二是新古典经济学理论。早期产业转移理论依据主要是产业发展理论，包括赤松要的"雁行模式论"和弗农的"产品生命周期论"。对产业转移理论做出里程碑式贡献的是日本经济学家小岛清。他将新古典经济学原理引入到产业转移分析中，应用新古典经济学理论分析产业转移问题。但是新古典经济学理论的局限在于由于它较为成熟和成体系化，因此不能很好地解释和回答现实经济中不断出现的各类产业转移问题。

考察国内外的相关文献后发现，产业转移所涉及的问题可以划分为三个部分：第一，产业为什么要转移？第二，产业怎样进行转移？第三，产业转移到哪里？按照对以上三个问题的回答，本章整理了产业转移理论的主要发展历程。

较早出现的产业转移理论可以追溯到赤松要（Akamatsu，1936）提出的雁行模式。在这之后，学者对产业转移问题的研究从宏观和微观两个角度展开。微观分析是从企业的角度分析企业空间扩张或转移的原因，经典理论主要包括：邓宁的国际生产折中理论（邓宁，1988）、企业成长空间扩张论（Watts，1980）、泰勒的组织变形和区域演化模式（Taylor，1975）、Dicken 的全球转移模式（Dicken，1994；Dicken and Lloyd，1990）、史密斯的企业赢利空间边界理论（D. M. Smith，1971）等。

宏观分析主要是在产业层面上对影响产业转移的因素进行分析，其中包括：阿瑟·刘易斯 1984 年提出的成本上升论，他将劳动力成本上升看作是导致产业转移的根本原因；R. Vernon 在 1966 年提出的产品生命周期理论，他从产品生命周期的变化视角解释了产业国际转移现象；劳尔·普雷维什 1990 年的移入需求理论，其主要强调了发展中国家的被迫性产业移入需求对产业转移的作用。

进入 20 世纪 90 年代以来，随着国际经济环境的变化，国际产业转移也出现了一些新的特点和发展趋势。由此，关于产业转移的研究也表现出新的研究视角，如产业转移理论的新经济地理视角（P. R. Krugman，1991；Leovan Wissen and Veronique Schutjens，2005）、产业转移理论的跨国公司视角（Hanson et al.，2005），以及产业转移理论的价值链视角等。

因此本章按照区际产业转移理论的发展过程，重点梳理产业转移理论发展中里程碑式的理论流派，包括杜能的古典区位理论、赤松要理论、弗农理论、小岛清理论、邓宁理论，最后是小岛清模型的拓展——大山模型。这些理论构成了当今区际产业转移理论前沿的基本框架。

（一）古典区位理论和新经济地理理论

产业转移的本质是区位选择问题，因此产业转移最开始可以追溯到古典区位理论和新经济地理理论，他们探讨了企业的选址问题，当企业生存、成长的条件发生改变时，促使企业从一个国家或地区迁移到另一个国家或地区的条件是什么。

1. 古典区位理论

1826 年，杜能在《孤立国农业和国民经济的关系》一书中首先从理论上阐述了空间距离对农业生产布局的影响，并构建了假想孤立国中的农业生产布局空间结构。后来随着工业发展，工业区位转移现象开始出现。韦伯提出了工业区位理论，杜能的农业区位理论回答了在一个给定的地点，生产什么样的产品最优的问题，而韦伯的工业区位理论回答了给定一个企业后选择什么样的地点生产最优的问题。在之后，勒施（1946）将贸易流量和运输网络的中心地区服务问题纳入研究范围。[①] 胡佛（1937、1948）则考察了运输费用、生产投入替代物和规模经济对区位选择的影响。[②] 廖什（1936）提出了市场区位理论，他从需求角度出发，认为企业在选址时寻求的是利润的最低点而不是费用的最低点。古典区位理论完

---

① 奥古斯特·勒施：《经济空间秩序》，商务印书馆 1995 年版。

② 埃德加·M. 胡佛：《区域经济学导论》，商务印书馆 1990 年版。

全抽象掉了空间因素，而且由于劳动力和资源在空间中存在距离，因此企业在实际选址过程中，必然要考虑运输成本和要素的流动性问题。当外界条件变化时，企业为了追求利润最大化，必须要改变区位，将生产转移到其他地区，该理论认为产业转移是企业的自我行为，目的是追求利润最大化。

2. 新经济地理理论中的区位理论

新经济地理理论与新古典经济理论不同，从运输成本降低导致的集聚经济、收益递增、规模经济效应和经济发展外部性等角度，研究了企业选址和区域经济增长问题。克鲁格曼、Fujita 等将区位因素纳入分析框架，在不完全竞争和规模报酬递增的假设条件下发展了新经济地理理论。克鲁格曼在 1991 年发表的《报酬递增与经济地理》（*Increasing Returns and Economic Geography*）中，探讨了垄断竞争条件下的离散空间离散经济模型，建立了内生发展模型，把古典区位理论中不能解释的相互作用内生化，为一般均衡研究提供了微观基础。

Gersbach 和 Schmutzler （1999） 通过模型讨论了外溢效应下生产与产品创新的地理分布及其对区位选择的影响。他们认为溢出效应的存在是影响企业区位选择的重要因素。[1] Walz （1996） 研究了企业区位选择中出现的集聚现象，研究发现影响地区经济增长的因素是产业部门的集聚带来的增长。[2]

3. 理论述评

古典区位理论是建立在新古典经济学的理论基础之上的，因此通过空间无差异、无运输成本等假设条件，得出了企业区位理论。然而这些假设条件未免过于苛刻，现实中的企业区位选择，是无法忽视运输成本和空间差异的存在。因此，新经济地理理论充分考虑到这些现实因素的存在，将运输成本纳入分析框架，由运输成本减少导致的集聚、外部性和规模经济是企业进行区位选择时所面临的外部条件，从而得出了与古典区位理论不同的结论。

古典区位理论和新经济地理理论探讨了企业选址问题，从一定意义上解释了影响企业转移的因素和产业转移发生的原因，是最早对产业转移现

---

① Gersbach, H. A. Schmutzler. External Spillovers, Internal Spillovers and the Geography of Production and Innovation. Regional Science and Urban Economics, 1999, 29 (6): 679 – 696.

② U. Walz. Transport Costs, Intermediate Goods, and Localized Growth. Regional Science and Urban Economics, 1996 (6): 271 – 306.

象进行研究从而形成的系统的理论学派。但是由于二者并非专门研究产业转移问题的，只是探讨了影响企业区位选择的原因，而没有进一步分析产业转移发生后的效应，因此，对产业转移领域研究的贡献略显不足。

（二）雁行模式和产品生命周期理论

在古典区位理论和新经济地理理论后，关于产业转移的理论研究，已经慢慢摆脱了新古典经济理论的分析框架，而是相对在较为宽泛的理论框架中进行。这期间有代表性的理论主要有赤松要的雁行模式理论和弗农的产品生命周期理论，他们揭示了产业转移的规律。20 世纪 70 年代末，小岛清理论的出现被认为产业转移分析进入了一个产业经济理论和新古典经济理论相结合的时代。

1. 雁行模式

赤松要在 1935 年和 1937 年发表了两篇日文版作品[1]，最早提出了雁行模式（Flying Geese Model）的概念，1962 年，其英文版文章[2]的发表使得这一概念开始得到学界的重视。20 世纪 60 年代后在小岛清等的努力下，雁行模式及小岛清理论才逐渐发展成为解释产业转移问题的经典理论。

赤松要的雁行模式分析了日本国内的产业成长过程，他将日本国内产业成长过程分为国内市场的产生、开始进口、进而国内生产、最后出口。20 世纪 60 年代后，随着日本经济的发展，向海外的产业转移开始出现，在雁行模式中，雁阵变为不同的国家和地区。

雁行模式反映了工业化过程的四个阶段：第一阶段是某国由于进口工业消费品产生了需求市场，即国内市场的形成。第二阶段是消费品生产进入了国内生产时期，出现了进口替代，从而消费品进口开始减少，同时资本品的进口开始增加。第三阶段是出口阶段。国内生产超过需求时，开始出口。这一阶段的出口主要是面向后进国。出口的同时，通过对进口的资本品开始模仿消化直至国内生产，资本品的进口替代出现。第四阶段是由于后进国开始进入进口替代阶段，因此对后进国出口减少，相应对发达国家的出口增加，进入了协调的国际分工阶段。

整个过程如图 2 - 2 所示。

---

① 赤松要：《我国羊毛工业品的趋势》，《商业经济论坛》1935 年第 13 期；赤松要：《我国经济发展的综合辩证法》，《商业经济论坛》1937 年第 15 期。

② Akamatsu Kaname，" A Historical Pattern of Economic Growth in Developing Countries"，*The Developing Economies*，1962（1）：3 - 25.

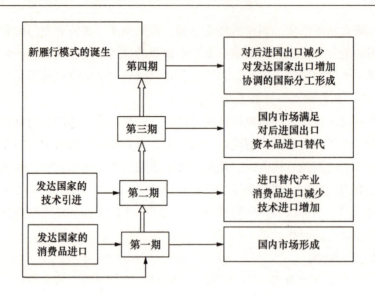

图 2 - 2 基于雁行形态的工业化过程模式

资料来源：Akamatsu Kaname. A Historical Pattern of Economic Growth in Developing Countries. The Developing Economies, 1962（1）：3 - 25. 转引自陈建军《要素流动、产业转移和区域经济一体化》，浙江大学出版社 2009 年版。

第一次世界大战后日本经济发展进入高速增长阶段，到了 20 世纪六七十年代，日本开始进行产业结构调整升级，将本国的衰退产业转移到 NIEs（新兴工业化）国家，此时的雁行模式可以用来描述产业国际间的转移现象。

2. 雁行模式的拓展——小岛清理论

赤松要的雁行模式描述了产业在国内和国际之间转移的过程，但是没有揭示这种转移发生的根本原因，以及对产业移入地和移出地带来的影响。后续很多学者对雁行模式进行了理论的拓展，解释了产业转移形成的原因。这其中有代表性的是日本经济学家小岛清提出的追赶型产业周期理论（Catching - up Product Model）。[1]

小岛清的雁行模式的重点是描述以海外直接投资为表现形式的产业转移，以及由此形成的产业转移国和承接国先后崛起的产业发展形态。小岛

---

① Kojima K. Reorganization of North - South Trade：Japan's Foreign Economic Policy for the 1970's. Hitotsubashi Journal of Economics, 1973（13）：2.

清理论的中心思想是边际产业扩张。他认为，投资国向海外转移的产业应该是投资国在本地已经失去比较优势（所谓的边际产业），而在对象国仍具有比较优势的产业。

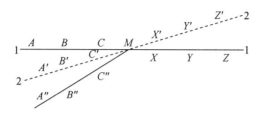

图 2 - 3　小岛清理论的经济意义

资料来源：［日］小岛清：《海外投资的宏观分析》，文真堂 1989 年版。转引自陈建军《要素流动、产业转移和区域经济一体化》，浙江大学出版社 2009 年版。

图 2 - 3 中，轴线 1 - 1 表示对外投资国的产品成本线，假设从生产 A 到 Z 的产品的成本都是 100 日元。轴线 2 - 2 表示投资对象国的产品成本线，假设对象国产品的价格从低到高排列，如 A′ 是 0.5，Z′ 是 3，单位为对象国的货币单位，如美元。假定国际市场汇率为 1 美元兑换 100 日元。在产品成本相等的 M 产品上，两轴线重合，在 M 点左边的产品中，投资对象国的成本低，具有比较优势，相对而言投资国处于比较劣势。此时如果投资国将本国的 A、B、C 产品转向投资对象国生产，那么投资对象国的比较优势产业将进一步扩大，表现为成本的进一步下降，降到图中 A″，B″，C″ 的位置，这时投资对象国的该产业比较优势进一步扩大，投资国可以以更低的价格从投资对象国进口 A、B、C 产业的产品，从而增加两国福利。小岛清的这个模型说明了边际扩张的产业转移会使投资国和投资对象国达到"双赢"，增加两国贸易量。

3. 产品生命周期理论

产品生命周期理论由美国经济学家弗农在 20 世纪 60 年代提出。[1] 弗农将发达国家的产品周期划分为"生产—出口—进口"，即生产先行，然后是出口，最后是进口。这与赤松要的发展中国家"进口—国内生产—出口"的模式不同。

---

① Vernon, R. International Investment and International Trade in the Product Cycle. Quarterly Journal of Economics, 1966 (80)：190 - 207.

产品生命周期理论认为，产品从生产者到消费者手中需要很多投入成本，而且这些成本各不相同，比如研发成本、劳动投入、资本以及原材料等。随着技术的不断变化，产品从产生到衰落，经历并完成了一次循环。产品周期的不同阶段中，各项投入在成本中的相对重要性也要发生改变。各国由于在各项投入上的比较优势不同，随着时间的变化，在产品不同的阶段该国是否具有比较优势，则取决于各项投入在成本中的相对重要性。

依据产品生命周期理论，产品完成一次循环要经历三个阶段：

第一阶段是产品初始期。初始期指产品的研发阶段。在这一阶段，由于技术尚未成形，研发费用在成本中占据的比重最大。少数先进国家由于劳动力稀缺，工资水平高，因此它们从事技术创新的主要原因是为了寻找能够节约劳动力的生产方法。同时，这些国家相对较高的科研水平能够在研究方面投入大量资本。因此在这一阶段，这些国家成为新产品的出口国。初始阶段，贸易主要发生在收入水平相近的少数发达国家之间。

第二阶段是产品成长期。这一阶段，生产技术水平成形，被广泛采用。企业间为扩大生产和销售，进行大量资本投入。资本占据了这一阶段成本的最主要构成。发达国家在这一阶段具有比较优势，产品主要由发达国家生产后输出到发展中国家。

第三阶段是产品成熟期。产品在这一时期已经实现了标准化，厂商生产达到最佳规模，原材料和劳动工资是占据成本的最大比重，特别是劳动力成本。这一阶段产品主要由发展中国家生产并输往发达国家。[①]

产品生命周期理论的内容如图2-4所示。

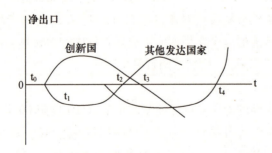

图2-4 产品和产业生命周期

资料来源：李坤望主编：《国际经济学》（第2版），高等教育出版社2009年版。

---

① 李坤望主编：《国际经济学》（第2版），高等教育出版社2009年版。

4. 理论述评

弗农的产品周期理论可以扩展为产业周期理论，因为产业是生产具有同类或者类似产品的企业集合。随着产品的盛衰，产业也会经历一个由产生到发展再到成熟和最后衰退的过程。最初企业因为具有某种垄断优势，比如技术、劳动力等，而且只在国内生产。随着产业逐步走向成熟，生产技术标准化过程提高，同类产品的企业不断加入，市场竞争变得激烈。企业为了维持市场占有率，会降低生产成本，将产业转移到更具有比较优势的地区生产。

赤松要的雁行模式产生的背景与东亚经济的发展水平、产业发展水平密不可分，是产业结构调整和升级的必然。由于各个国家和地区经济发展存在差异，因而产业水平也参差不齐，因此边际产业逐渐由发达国家或者地区转移到欠发达国家或地区，实现产业转移的过程。在这一过程中，产业转出地通过将衰退产业进行转移，能够集中力量发展新兴和具有比较优势的产业，带动产业升级。而产业移入地通过承接产业转移，能够积极促进当地产业和经济的发展。

雁行模式很好地描述了战后东亚地区的发展路径，对产业转移的动因进行了分析，同时分析了产业转移对东亚地区的影响。但随着产业转移的发展，雁行模式及其拓展理论仍然存在一定的局限性。具体表现在：雁行模式主要考察的是产业转移中的垂直型转型，考察方向是顺梯度转移，也就是从产业梯度高的地区向梯度低的地区转移。然而随着全球化的发展，产业不仅局限在垂直型的顺梯度转移，还有很多水平型的产业转移，同时还伴随着逆梯度转移现象的出现，这些现象是雁行模式及其拓展理论无法解释的。

如果将赤松要的雁行模式和弗农的产品生命周期理论综合起来，将会形成一个完整的国际产业转移模式，具体如图2-5所示。

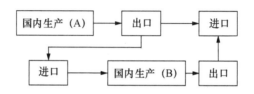

图2-5　国际产业转移综合模式

注：A 先行工业国；B 后发工业国。

资料来源：陈建军：《要素流动、产业转移和区域经济一体化》，浙江大学出版社2009年版。

图中先行工业国 A 首先在国内生产，在满足国内生产的基础上，随着技术的成熟，开始大规模生产并出口，此时作为雁行模式中的后发工业国 B，由于进口 A 国的产品而产生了国内需求。而后随着 A 国的大量生产和销售，国内市场趋于饱和，此时产品销售递减，同时由于出口到了 B 国，B 国开始掌握这项技术，并生产。最后，当 B 国的国内生产超过本国需求时，开始出口，A 国开始从 B 国进口该产品。

（三）大山模型

1. 模型内容

日本经济学家大山道广在 1990 年提出了大山模型。[①] 他指出了小岛清理论存在的两个缺陷：第一，小岛清理论提出产业转移是由于比较优势的存在。大山道广则认为产业转移是由直接投资引起的，直接投资的必要条件不是比较优势而是绝对优势。大山利用小岛清的顺贸易投资模型进行了解释。在图 2 - 3 中，小岛清分析，投资国之所以对投资对象国进行投资，是因为对象国在生产 A、B、C 三种产品的产业上都具有比较优势。大山认为这种优势的存在说明了对象国在这些产业中经营资源的效率是高于投资国的，因此投资国的投资不应该是直接投资，而是间接投资，因为直接投资是经营资源的转移。第二，小岛清理论认为对外投资对投资国和投资对象国都是"双赢"的，但是大山认为如果投资国对投资对象国的 A、B、C 三个产业进行投资，提高了生产效率，增加了产量，导致三个产业的产能过剩，从而使得国际市场价格下跌，此时，对于投资对象国的投资不仅不是"双赢"，而是损害了对象国的福利。因此，小岛清模型中的"双赢"结果是不确定的。

大山模型的假设条件是：两国（A 和 B）两产品（1 和 2）单要素（L）、一国内任何企业的任何产品面对的生产函数相同、完全竞争。

j 国生产 i 产品的产量为 Y_{am}，劳动投入为 L_{ij}，有：

$$Y_{ij} = F_{ij}(L_{ij})(i = 1, 2; j = a, b)$$

又假设：A 国企业对 B 国进行直接投资和产业转移的动因是利润最大化；A 国向 B 国的产业转移不存在障碍；A、B 两国具有相同的生产函数，即 $F_{ia}(L_{ia}) = F_{ib}(L_{ib})$。

---

① 资料原载于文真堂 1990 年出版的《国际贸易·生产论的新展开》（日文版），转引自陈建军《要素流动、产业转移和区域经济一体化》，浙江大学出版社 2009 年版。

根据上述假设条件可知，B 国国内各产业的劳动报酬率相同（因为生产函数相同），有 $F_{1a}{}'(L_{1a}) = PF_{2b}{}'(L_{2b})$。（$P$ 为 B 国产品 2 和产品 1 的相对价格）

那么，A 国对 B 国进行直接投资或产业转移的条件是获得正利润：

$$F_{1a}{}'(L_{1a0})L_{1a} = F_{1a}(L_{1a0}) > F_{1b}{}'(L_{1b0})L_{1a}$$

$$PF_{2a}{}'(L_{2a0})L_{2a} = PF_{2a}(L_{2a0}) > PF_{2b}{}'(L_{2b0})L_{2a}$$

其中，L_{1a0}、L_{1b0} 为 A 国和 B 国产品 1 产业的最低费用劳动投入量。

整理不等式，可得：

$$F_{1a}(L_{1a0})/L_{ia} > F_{ib}(L_{ib0})/L_{ib}\,(i = 1,\ 2)$$

由上述不等式可知，A 国企业在 1、2 产业都对 B 国企业拥有绝对优势，这就是 A 国对 B 国进行产业转移的必要条件。

2. 理论述评

大山模型的理论贡献在于区分了国际贸易和国际投资的必要条件。他提出国际投资尤其是国际直接投资的基础是绝对优势而不是比较优势，国际贸易的基础才是比较优势。因此，以直接投资为载体的产业转移的必要条件是产业转移国对承接产业转移国具有绝对优势。依此分析，产业转移主要发生于发达国家对发展中国家，是一种经营资源和技术的单向流动。同时我们也要看到，虽然大山将国际投资的基础定位成了绝对优势，并分析了产业转移的发展方向，但是根据产业转移理论和行为的不断发展和完善，目前产业转移存在着逆梯度和双向转移的情况并存，所以大山模型与雁行模式一样，不能够很好地解释当产业发生逆梯度转移和双向转移时，产业转移的动因。

第二节　企业迁移文献综述

已有的产业转移文献，学者大多从宏观角度探讨了区际产业转移问题，但是由于缺乏微观基础的支撑，导致结论缺乏针对性与可行性。在全球化背景和市场经济条件下，产业转移已不单是地理的空间转移。本节将从企业迁移这一微观视角梳理相关文献并作简要述评。

企业迁移研究开始于 20 世纪 50 年代，以对英国和荷兰的企业研究居多，关注于企业年龄、规模及市场因素对迁移的影响（Pellenbarg et al.，

2002）。通过建立企业迁移理论模型（Nakosteen et al., 1987；Smith, 1966；Pred, 1967；Townroe, 1972），对企业迁移的动因和政府政策的影响进行研究（Jouke van Dijk et al., 2000；Brouwer et al., 2004；Pellenbarg, 2005）。在企业迁移影响因素的研究中，学者从外部因素、内部因素、政策因素和区位因素四个方面进行了分析。

一 外部因素

McLaughlin 和 Robock（1949）的著作《产业为什么向南方转移》（*Why Industry Moves South*）描述了 20 世纪中期美国制造业从最初集聚的东北部地区迁移到东南部地区，迁移的原因是美国东北部地区的劳动力成本高、企业竞争激烈，而东南部地区具有低劳动力成本的优势和较少的贸易限制，作者主要强调外部因素对企业迁移的影响。Garwood（1953）研究了犹他州和科罗拉多州的企业迁移，他认为市场和原材料是影响企业迁移的原因。Scott（2002）对第二次世界大战期间迁往英国的企业数据分析发现，临时性关税是企业迁往英国的主要原因。国内学者对中国企业迁移的动因进行了研究（刘怀德，2001；魏后凯，2003；白玫，2003；张新芝等，2010；杨菊萍等，2011），他们认为，迁入地和迁出地的成本和收益因素，以及两地政府的博弈等外部因素都对企业迁移行为产生影响。国内最早研究企业迁移的学者是刘怀德（2001），他将企业迁移分为绝对迁移和相对迁移、生产型迁移、知识型迁移和管理型迁移，市场追逐型迁移、政府追逐型迁移和成本降低型迁移。他认为企业迁移除了对企业自身产生影响外，还具有较强的外部性，可以改变一个地区经济发展格局，提高国家竞争力，因此政府应该鼓励企业迁移。

魏后凯（2003）从企业迁移与企业竞争力的视角进行分析，认为企业迁移是企业与迁入区和迁出区政府的动态博弈，迁移过程会对两个地区造成不同的影响，强调政府应该对迁移进行必要的引导和调节。温胜精（2004）通过对三线企业迁移行为的考察，发现通过企业迁移，企业不再受地理位置约束，从而能较好地对资源进行整合，提高了企业竞争力。国家统计局企调总队和浙江省企调队（2005）从政府的视角出发研究企业迁移。[①] 他们对近 600 家企业进行调研，考察了浙江省和江浙沪之间的企业迁移，得出了以下结论：第一，浙江企业迁移呈现扩大态势；第二，外

---

① 魏后凯、白玫、王业强等：《中国区域经济的微观透析》，经济管理出版社 2010 年版。

迁企业多为劳动密集型企业；第三，迁入浙江企业中主要关注土地资源因素。张新芝、陈斐（2010）采用系统基模方法对企业迁移机理进行分析，从迁出地、迁入地和企业迁移渠道三个影响因素分析企业迁移的机理。其中迁出地的影响因素包括原材料、劳动力成本、土地资源、产业升级压力、新引进高新技术企业数量、维持本地经济总量。迁入地影响因素包括产业集聚吸引力、较低的要素成本价格、优惠的税收政策、完善的基础设施建设、优化的本地产业结构。企业迁移渠道影响因素包括引导产业转移的政府政策、促进企业迁移的中介组织。

直到20世纪70年代之前，企业迁移对本地区经济发展和政策影响是这一领域的研究核心（Pellenbarg et al.，2002）。Molle（1977）对1970年离开荷兰阿姆斯特丹的106家迁移企业进行研究，发现60%的企业是因为没有足够发展空间而迁移，14%则是因为交通拥挤而迁移。

二　内部因素

随着对企业迁移理论及行为的进一步分析，学者们发现影响企业迁移除了上述的外部因素外，还与企业自身的动态调整有关，即内部因素。Cameron和Clark（1966）、Keeble（1976）、Townroe（1972）的研究表明企业内部因素例如企业扩张等都是导致企业迁移的原因。企业迁移还受到企业生命周期的影响，企业刚成立时，由于生产规模小，成本高，倾向于寻找一个类似托儿所的区位以便于企业成长。企业成熟后，拥有较大空间，成本投入和市场的区位是企业的最优选择，因此企业自身的生命周期会导致企业对区位变化做出相应反应。国内研究中，企业所有制不同，影响企业迁移的因素也不同。民营企业较多关注政府政策因素和融资因素（赵奉军，2003；衣长军，2005）。赵奉军（2003）对民营企业的迁移进行了研究，认为影响民营企业迁移的根本原因是地方政府之间的竞争和企业发展所需要的要素的变化；衣长军（2005）对闽东南地区民营企业迁移现象的研究表明，本地民营企业融资瓶颈日益突出是促使企业外迁的原因。

而农村企业迁移主要依赖于企业家对经营情况的预期（钱文荣等，2003；鲁德银，2007）。钱文荣等（2003）以浙江省海宁市200家企业的问卷调查为基础，考察了农村企业迁移现象，认为影响农村企业集中的主要原因是企业家对生活满意度的不同和企业的迁移成本。鲁德银（2007）采取问卷调查、访谈和分组对比的方法，对村镇企业迁移行为进行研究，考察了我国企业家行为、企业迁移与产业集群之间的联系。他认为"市场体系是制约企业迁移的外部重要因素。村镇企业家的产业预期能力和集群知识是决定企业迁移的主要因素，而企业家对迁移收益的预期则是农村的中小企业向城镇及工业园区集聚的最重要诱因，同时企业家控制权也是企业迁移的动因和约束条件之一"。[①]

三　政策因素

从 20 世纪 50 年代开始，很多国家为了促进产业转移和企业迁移，对迁往落后地区的企业提供各种补贴措施。随着欧洲国家如荷兰和法国等国企业迁移补贴政策的成功实践，研究人员开始关注政策因素对企业迁移的影响，并对政策效果进行评估。Ortona 和 Santagata（1983）分析了意大利都灵地区土地政策对企业迁移的影响。Keeble（1976）认为区域政策是影响英国 1966—1977 年间区际产业迁移的主要原因，他认为所有政策包括区域政策都会对企业迁移产生影响。这些学者都认为企业迁移是协调区域发展的有效办法。然而 Cameron 和 Clark（1966）却得出不一致的结论，他们认为政府期望的区域政策结果与企业迁移结果不一致，而且相互矛盾。从 20 世纪 90 年代起，国外学者不再坚持区域政策对企业迁移的确定性影响，而是强调区域政策创新，认为地区经济发展的关键是建立政策创新环境。杨菊萍、贾生华（2011）对 2000—2009 年中国重要报纸全文数据库中涉及 116 次企业迁移的相关报道，识别促使企业迁移的各种动因以及不同动因的相对重要性，结果表明政策动因、经济动因、战略动因和情感动因是中国企业迁移的四类动因。其中政策动因最为重要，其次是战略动因和经济动因。同时作者还发现，政策动因是企业整体迁移和区域内迁移的最重要动因，经济动因是部分迁移和跨区域迁移的最重要动因。

四　区位因素

随着区域经济一体化进程的加快，学者们开始研究区域经济一体化对企业迁移的影响。Barbier 和 Hultberg（2001）通过建立两国模型，分析了区域一体化条件下的企业迁移，发现除市场规模外，区域一体化程度也是影响企业迁移的因素之一。国内长三角和珠三角的企业由于所处环境的特点，更多地关注迁入地的成本因素，如劳动力价格、土地价格等，在这些

　　[①] 鲁德银：《企业家行为、企业迁移、产业集群与农村城镇化政策》，《财经研究》2007 年第 11 期。

地区劳动密集型企业具有率先外迁的可能性（刘力等，2008；蒋媛媛，2009；胡济飞，2009；张玉等，2011）。刘力、张健（2008）通过对珠三角企业问卷调查，分析了珠三角企业迁移规模与方式，认为企业对地区投资环境满意程度是影响企业迁移的最基本因素，而成本相关因素是企业迁移的首要考虑因素，同时文章指出，由于珠三角的长期固有优势，大规模企业迁移尚未出现。胡济飞（2009）以劳动密集型企业为研究对象，分析了制约企业迁移的因素。包括劳动力的高度流动性缓冲了要素价格压力；制造业的产业集聚特性；资本壁垒的限制和企业家才能的制约。蒋媛媛（2009）分析了东部发达地区制造业企业向中西部地区迁移的趋势和机理，认为产业因素如劳动力和原材料密集型企业率先迁出，地区因素如要素成本地区差异是东部企业向中西部迁移的直接动因。张玉、江梦君（2011）从企业迁移的视角分析了安徽承接长三角产业梯度转移，认为长三角企业向安徽迁移的推力因素包括产业结构升级、生产成本上升、企业发展战略。拉力因素包括地理位置、交通便利、资源丰富、政策因素。

五　研究方法综述

实证研究方面，Pellenbarg 等（2002）回顾了第二次世界大战以来到20 世纪 90 年代关于企业迁移的文献，发现描述统计方法在研究中广泛应用，但这些文献对企业迁移动因的解释少之又少。后续研究中，Baudewyns 等（2000）采用条件 Logit 模型对 1981—1991 年和 1990—1994 年比利时企业的迁移研究发现，良好的基础设施是企业迁移的因素。Jouke van Dijk 等（2000）使用有序 Logit 和 Probit 模型分析了 1995—1996 年荷兰企业迁移倾向的调查问卷，结果表明小企业具有较高的迁移倾向，批发和商业服务企业的流动性高于零售部门，零售和餐饮业不愿意进行迁移，迁移后 5—10 年的企业倾向于再次迁移，而新近迁移的企业则没有迁移动机。同以上文章针对国内企业迁移不同，Brouwer 等（2004）和 Strauss – Kahn 等（2005）分析了不同国家间的企业迁移。Brouwer 等（2004）采用 21个国家企业员工数大于 200 人的样本，利用 Logit 模型分析了企业年龄、部门、市场规模和区域因素对企业迁移决定的影响。Strauss – Kahn 等（2005）采用 Nested Logit 模型区分了"在哪设址"和"是否迁移"。

将视角转向国内研究后，我们发现 20 世纪末开始出现浙江企业尤其是温州企业的大量外迁现象。由于受到资源和空间的约束，浙江民营企业开始逐步将生产工厂迁入资源约束较少，土地相对便宜的地区。随着这一现象的出现，国内学者开始关注企业迁移问题。白玫（2003）系统地研究了企业迁移现象，在其博士论文中，对企业迁移的流派进行了介绍，在案例分析的基础上总结了企业迁移的模式，借鉴新古典理论框架下的迁移模型，分析了影响企业迁移的内部、外部和区位因素，认为制造业企业的迁移率高于其他行业的企业，同时她还对企业总部迁移进行了研究（魏后凯、白玫，2008）。白玫（2005）、陈伟鸿等（2007）、王业强（2007）从不同角度综述了国外对企业迁移的研究脉络以及历史演进，总结了国外研究方法和结论，同时也提出了国外研究的缺陷。

通过文献梳理，我们发现国外学者通过对大量企业迁移的案例和问卷进行分析，着重讨论了影响企业迁移的外部经济和环境因素以及区域政策对企业迁移的影响、迁移动机和路径选择。国内学者较多采用理论分析框架，针对企业迁移的各类因素进行分析，辅以问卷调查的数据作为支撑，但是没有利用微观数据检验各因素对迁移行为的影响程度和方向。

第三节　产业转移动力机制文献综述

产业转移的动力机制问题一直受国内外学者关注，对产业转移动力机制的研究包含两个方面：第一，动因研究，即产业为什么转移；第二，产业转移的区位选择影响因素研究，即产业向何地转移。

一　比较优势视角

前文提及，产业转移是一个动态的过程，各地区要素丰裕程度随时间变化，产品在不同阶段对要素的需求程度也不同，因此地区间产业分工也在不断变化。有学者提出动态变化的比较优势是产业转移的重要动因。代表性的观点（理论）主要有赤松要的"雁行模式论"、弗农的"产品生命周期论"、小岛清的"边际产业扩张论"。阿瑟·刘易斯（1984）分析了发达国家将非熟练劳动密集型产业转移到发展中国家的原因，他认为随着生产成本的上升，产业比较优势逐步丧失，最终出现产业转移。但是刘易斯只解释了劳动密集型产业发生转移的原因，并没有对其他产业进行分析。弗农（1966）将比较优势从国际贸易领域运用到对外投资领域进行研究，解释了发达国家产业发展的一般规律，但是该理论仅限于分析企业最终产品的生命周期而忽视了进入标准化前的产品生产工艺，同时也无法解释发生在发达国家之间和发展中国家之间的对外投资行为。

小岛清（1973）将雁行模式和产品生命周期理论结合，将新古典方法引入分析框架，在比较优势基础上提出了"边际产业扩张论"，该理论认为投资国向海外转移的产业是投资国的国内已经丧失比较优势而投资对象国具有或潜在具有比较优势的产业，即"边际产业"。这一理论可以很好地解释成本节约型产业的转移，但却无法解释发展中国家逆贸易导向型的直接投资。

需要注意的是，比较优势理论可以解释国际贸易与分工形成，但是对于一国内部的产业分工，当要素流动壁垒被打破，要素可以自由流动时，产业转移的基础就不再是比较优势。

二 梯度推移视角

我国经济发展水平从东部沿海地区向中西部地区逐步降低，因此区际间存在着梯度差异，东部地区产业结构升级将导致一些传统产业开始向欠发达地区转移（李小建，2004；陈建军，2002）。

王先庆（1998）认为产业转移的基础是由不同经济地理空间存在的成长差和不同区域产业主体之间相关的利益差所构成的产业差；潘伟志（2004）认为产业极差是产业转移的基础，产业利益差决定了产业的转移方向。邹篮等（2000）也认为东西部地区差距带来的势差为区际产业转移创造了条件。龚雪（2009）将物理学"场"的概念引入产业转移的分析中，解释了产业转移过程中顺梯度转移和逆梯度转移以及二者并存的现象。

谭介辉（1998）从国际产业极差和国际产业梯度转移视角分析了发达国家向发展中国家的产业转移，他认为这种产业转移是按照产业层次和地区层次推进的，国际产业极差导致了从发达国家到新兴工业化国家再到半工业化国家，最后到落后国家的产业梯度格局。

三 要素禀赋、要素成本与要素流动视角

地理、气候条件和历史、传统文化背景不同，以及发展的路径依赖形成了各地区在资源禀赋结构上的差异，为区际产业转移创造了条件。产业主动或被迫向低成本地区转移的原因是由于各地区在工资、房租、原材料、地租、公用事业费等方面存在较大差异。这种区际阶梯状经济发展水平差距决定的区际要素价格差异，是推动产业区际转移的最基本原因（陈建军，2002；邹篮等，2000；刘嗣明等，2007）。

阿瑟·刘易斯（1984）从劳动力成本的角度分析了发达国家的产业转移问题，在20世纪60年代，发达国家由于人口自然增长率下降所导致的非熟练劳动力不足，带来了劳动成本不断攀升，劳动密集型产业失去比较优势，从而产业转移发生。①徐向红等（2004）通过对美国中小企业的考察，发现生产管理成本不断上升是美国中小企业产业转移的内在动因之一。Pennings 和 Sleuwaegen（2000）对比利时企业和国际性跨国公司的研究表明，在工业化程度较高的开放经济中，劳动密集型产业比资本密集型产业更容易转移。李国平和杨开忠（2000）通过企业调查和对外商对华直接投资的数据进行分析，发现劳动力等要素成本是对华直接投资的区位选择的主要影响因素，外商对华直接投资的空间转移是由要素成本在不同地区间的相对变化导致的。张彦博等（2010）分析了成本因素对 FDI 在东道国投资的区位选择和撤资影响，认为在聚集经济效应相同时，成本因素显著影响 FDI 的区位选择。马子红（2006）则从生产成本、运输成本和制度成本方面剖析了中国区际产业转移的动因。

从要素流动角度进行考察后发现，劳动力的区际流动较为活跃，在资本不发生流动的情况下，由于劳动力的区际流动，将会改变本地区不同产业的发展优势，对区域产业结构的演进产生影响。

四 区位与市场视角

区位比较优势的存在决定了区位利益的差异，从而出现了区位优劣差异。这种差异通过运输成本决定了区域市场容量，进而影响产业生产布局。同时，运输成本高低又受到基础设施发展水平的约束，因此，区际产业转移可以看作是企业在区位、市场供求的约束条件下所作出的理性选择结果（马子红，2009）。Holl（2004）研究了1980—1994年西班牙自治市道路基础设施对新建制造业区位的影响，结果表明，新的制造业工厂区位选择受到公路基础设施的影响，企业更愿意到更接近高速公路的区域进行生产活动。Head C. K. 等（1995）对1980—1992年日本在美国的区位选择进行分析，结果显示自由贸易区、低税收等优惠政策对外资区位选择具有重要影响。Smith D. F. 等（1994）对日资制造业企业研究发现，日本汽车供应商更偏好靠近汽车装配商的区位进行投资建厂，他们认为这些地区制造商密集，劳动力受教育水平普遍比较高，交通便利。

---

① ［美］阿瑟·刘易斯：《国际经济秩序的演变》，商务印书馆1984年版。

随着东部发达地区产业集聚和经济水平的提高，地荒、"民工荒"等现象越来越严重，出现规模不经济，同时，来自外部欠发达地区同类产业的竞争，使东部地区消耗低层次生产要素的产业盈利空间减少，促使企业向欠发达地区转移以便获得更加开阔的市场（赵堂高，2007；张卫红，2010）。在区际产业转移的实现过程中，国内市场和国际市场的作用各不相同。初始阶段，区际产业转移发生主要取决于国内市场容量，同时考虑国际市场容量；后期主要取决于国际市场容量大小（马子红，2009）。

第四节　尚待研究的问题

通过梳理国内外相关文献不难发现，目前在产业转移微观基础这一领域，理论研究较为成熟和丰富，在企业迁移的研究中，国内外学者从外部因素、内部因素、政策因素和区位因素四个方面分析了影响企业迁移的原因。相比国内研究，国外研究在这一领域更为活跃，以 Nakosteen 和 Zimme（1987）提出的迁移模型为基础，众多学者对荷兰、英国、美国等国家的企业迁移现象进行了深入研究，研究方法以案例、问卷和计量分析为主，着重讨论了影响企业迁移的外部经济和环境因素，但缺乏对企业内部因素的考虑。企业迁移与否，向哪迁移，都与企业自身因素密切相关，国外学者关于企业内部变量对迁移行为的影响研究不足。而国内研究较多地关注于迁移的动因研究，更侧重理论分析，对企业迁移的实证分析涉及不多。由于数据所限，国内在这一领域的研究多以定性研究和案例分析为主，仅有少数学者通过问卷调查对企业迁移的动因进行分析。

本书需要解决的第一个问题是，采用现有的微观数据，结合计量分析方法，对中国企业迁移的影响因素进行深入探究，通过分析企业迁移的动机、影响迁移的内部和外部因素，为区际产业转移研究提供微观基础。

将视角转向宏观后，研究国内区际产业转移变得尤为重要。欠发达地区如何承接来自发达地区的产业转移是近几年产业转移问题研究的热点。不同学者从不同角度分析了影响区际产业转移的因素，大多围绕着比较优势展开论述，主要分析成本因素对产业转移的影响。我们需要探讨的是，发达地区是不是已经丧失了所谓的"成本比较优势"，从而将它们的夕阳产业如劳动密集型产业转向欠发达地区。一些国内文献研究发现，中西部地区并没有像理论预期的那样顺利承接东部产业转移。造成这种现象的主要原因是在产业转移过程中存在诸多延缓产业转移的因素，从而形成产业转移黏性。

国内学者从劳动力成本的角度论述了迄今为止东部地区未出现大规模产业转移的原因。研究认为，劳动力国内自由流动、无限供给及二元化的户籍制度阻滞了东部发达地区劳动力成本的上升，劳动力呈现由欠发达地区向发达地区的单向流动，从而发达地区不必通过产业转移便可实现与廉价劳动力的结合（罗浩，2003；谢丽霜，2005；刘嗣明等，2007；冯根福等，2010）。吴安（2004）将劳动力成本分为绝对和相对成本，指出虽然西部地区绝对劳动力成本低，但是当考虑生产率因素后，相对成本较东部高，因此东部地区在产业转移上存在黏性。云伟宏（2010）则认为中西部地区相对于东部的劳动力成本优势可能是伪命题。首先，中西部与东部的劳动力成本差异较之中国大陆与发达国家的劳动力成本差异而言，差距很小以至于可以忽略。其次，中西部目前已经进入劳动力成本上升时期，与东部差异已呈收敛迹象。

除了劳动力成本外，一些学者强调了东部地区拥有的区位优势以及中西部自身在基础设施建设等方面的缺陷造成了东部地区产业转移的成本和难度（魏敏等，2004、2005；谢丽霜，2005；黄福才等，2007；冯根福等，2010），东部独特的区位优势为企业节约了运输和原材料进口成本，经济区位重心沿海化的趋势阻碍了梯度推移扩散，形成梯度黏性。

本书需要解决的第二个问题是，产业转移如何发生，怎样发生，即产业转移的动力机制问题。如果转移黏性存在，那么是什么导致了黏性的发生和继续存在。如果黏性不存在，影响发达地区产业转移的因素是什么，作为欠发达地区，应该如何对症下药，更好地承接来自发达地区的产业转移。找到了这些问题的答案，就解决了宏观层面区际产业转移的动力机制问题。

第三章　中国区际产业转移的历史、现状及发展趋势

区域经济发展的基本目标是区域协调发展。其内涵包括以下五个方面：第一，区域间发展差距要控制在合理范围之内。第二，区域间享有均等化的基本公共服务。第三，各区域的比较优势得到充分发挥。第四，区域综合竞争力得到有效提升。第五，区域经济社会与资源环境相互协调发展。①

我们所追求的目标是经济体的均势性更高，也即意味着区域差距的不断缩小。中国作为一个区域差异较大的国家，有其独特的发展优势，可以通过区域差距实现产业梯度转移，拉长和延伸经济增长。

随着区域分工的不断强化，沿海地区和中西部地区产业差异化逐渐扩大。越来越多的有利于在沿海配置的产业，加快向沿海转移，其中包括原材料产业和一些农产品加工业。

2009 年以来，为了更好地应对全球金融危机，同时抓住经济结构调整带来的新一轮机遇，国家出台了大量的区域发展规划和产业振兴规划。其中，上升到国家层面的区域规划数量超过了前四年的总和，这些规划涉及东部、中部、西部和东北部四大经济区域。

同时，国家在继续推动东部沿海地区产业转型，迎接新一轮经济增长的同时，也更加重视中西部地区、西部地区和东部地区的发展。2010 年 9 月 6 日公布的《国务院关于中西部地区承接产业转移的指导意见》，要求依托中西部地区产业基础和劳动力、资源等优势，因地制宜承接发展优势特色产业。这些产业包括劳动密集型产业、能源矿产开发和加工业、农产品加工业、装备制造业、高技术产业、现代服务业和加工贸易。2010 年 5

---

① 上海财经大学区域经济研究中心：《2011 中国区域经济发展报告——从长三角到泛长三角：区域产业梯度转移的理论与实证研究》，上海财经大学出版社 2011 年版。

月 6 日公布的《国务院办公厅关于进一步支持甘肃经济社会发展的若干意见》，未来甘肃省将建设成为全国重要的新能源基地、有色冶金新材料基地和特色农产品生产和加工基地，2020 年实现全面建设小康社会目标。

与之相呼应，实施西部大开发以来，西部地区经济增长速度连续 8 年超过 10%。2009 年西部地区生产总值同比增长 13.5%，增速连续三年高于东部地区。① 当前，人才、资金、技术、资本等不同生产要素跨区域流动更加便利和频繁，不同地区的资源优势在市场中获得了更为有效的价值认定，在新一轮经济发展过程中，各地区原有资源优势将面临新的定位，经济结构调整、产业转移将更趋活跃。

第一节 中国区际产业转移历史沿革

中国的区际产业转移，实际上是生产要素的转移和集聚过程，一般表现为从低要素报酬率地区向高要素报酬率地区转移、从低市场容量地区向高市场容量地区转移、从高成本地区向低成本地区转移的过程。在讨论我国区际产业转移现状之前，有必要先分析我国区际产业转移的历史沿革，以便为我们的研究提供历史背景。

一 区际概念的提出与范围界定

1986 年，全国人大六届四次会议通过的"七五"计划将我国分为东部、中部和西部三个地区。具体划分情况为：东部（又称为东部沿海地区）包括北京、天津、河北、辽宁、上海、江苏、浙江、福建、山东、广东和海南共 11 个省（市）；中部包括山西、内蒙古、吉林、黑龙江、安徽、江西、河南、湖南、湖北、广西 10 个省（区）；西部包括四川、贵州、云南、西藏、山西、甘肃、青海、宁夏、新疆 9 个省（区）。1997 年全国人大八届五次会议决定设立重庆为直辖市，划入西部地区，之后西部地区的省级行政区由 9 个增加至 10 个。由于内蒙古和广西的人均 GDP 和西部 10 省（市、区）平均状况基本持平，因此，2000 年国家制定的西部大开发享受优惠政策的范围增加了内蒙古和广西，因此，西部地区的划

① 上海财经大学区域经济研究中心：《2011 中国区域经济发展报告——从长三角到泛长三角：区域产业梯度转移的理论与实证研究》，上海财经大学出版社 2011 年版。

分加入了这两个地区，最终为 12 个省（市、区）。中部地区缩减为 8 个省，东部地区 11 个省级行政区不变。根据《中共中央、国务院关于促进中部地区崛起的若干意见》、《国务院发布关于西部大开发若干政策措施的实施意见》以及党的十六大报告的精神，"十一五"规划中，将我国的经济区域划分为东部、中部、西部和东北四大地区。至此，我国经济区域划分完全确定，共分为四个区域。

东部：包括北京、天津、河北、上海、江苏、浙江、福建、山东、广东和海南。东部地区开放较早，经济发达，地理位置优越，现代化起步早，对外经济联系密切，在改革开放的许多领域先行一步，发展优势明显。经过多年的经济建设，已经形成经济特区沿海开放城市、经济技术开发区等多层次的对外开放格局。在这样的格局下，东部地区充分发挥了工农业发达、资金雄厚、人力资本丰富、信息灵通、技术先进的区位优势。东部地区土地面积为 91.6 万平方公里，占全国国土面积的 9.5%，人口 5.07 亿，占全国总人口的 38.0%。2010 年 GDP 总量 23.20 万亿元，占全国的 53.1%。

中部：包括山西、安徽、江西、河南、湖北和湖南。土地面积为 102.8 万平方公里，占全国国土面积的 10.7%，人口 3.57 亿，占全国总人口的 26.8%。2010 年 GDP 总量 8.61 万亿元，占全国的 19.7%。地处中国内陆腹地，起着承东启西、接南进北、吸引四面、辐射八方的作用，是我国的人口大区、经济腹地和重要市场，在中国区际分工中扮演着重要角色。这样的地位，决定了中部地区经济社会发展对国家全面建设小康社会，进而基本实现现代化的重要意义。但是，由于中部地区人口众多，人口密度较高，虽然经济总量已经达到一定规模，但是人均水平较低。

西部：包括内蒙古、广西、重庆、四川、贵州、云南、西藏、陕西、甘肃、青海、宁夏和新疆。西部地区疆域辽阔，人口稀少，是我国经济欠发达、需要加强开发的地区。全国尚未实现温饱的贫困人口大部分分布于该地区，它也是我国少数民族聚集的地区。土地面积 687.6 万平方公里，占全国国土面积的 71.5%，人口 3.61 亿，占全国总人口的 27.0%。2010 年 GDP 总量 8.14 万亿元，占全国的 18.6%。根据西部的具体情况，党中央在启动"西部大开发"战略之初便确定了"从实际出发、积极进取、量力而行、统筹规划、科学论证、突出重点、分步实施"的指导方针。

东北：包括辽宁、吉林和黑龙江。东北历史悠久，战略位置重要，自

然资源充足，物产丰富，在全国经济发展中占有重要地位。土地面积为
78.8 万平方公里，占全国国土面积的 8.2%，人口 1.09 亿，占全国总人
口的 8.2%。2010 年 GDP 总量 3.75 万亿元，占全国的 8.6%。①

改革开放以来，我国国民经济取得了引人注目的发展，从 1978 年到 2010
年，中国的 GDP 由 3645.2 亿元增加到了 401202 亿元，人均 GDP 由 381 元增
长到 29992 元。金融危机过后，中国经济仍然面临着众多挑战。如何在大规模
的经济政策刺激过后迅速调整和优化自身结构，这是亟待解决的问题。

虽然从宏观上看，全国经济高速增长，东中西部经济实力均有显著提
高，但是如果横向对比，从各经济体的经济实力和发展程度来看，我国各
经济区域之间的差距明显，东部地区远远领先于其他经济区域。

从表 3 - 1 中可以明显看出，各经济区域之间的经济发展非均衡态势
较为明显，西部地区幅员辽阔，但人口数量却只占全国总人口的 27%，
地区生产总值、全社会固定资产投资总额、财政收入和进出口总额这几项
指标均远远低于东部地区，其中地区生产总值和全社会固定资产投资额较
中部地区相比略有差距。这说明，随着鼓励沿海地区率先发展战略的实施
和东部地区经济迅速增长，经济发展空间不平衡问题越来越突出，这一点
也可以由东中西部 GDP 占全国比重的变动来反映，见表 3 - 2。

表 3 - 1　　　　　　　　**2010 年我国经济区域主要指标对比分析**

	全国总计	东部地区		中部地区		西部地区		东北地区	
		绝对数	占全国比重（%）	绝对数	占全国比重（%）	绝对数	占全国比重（%）	绝对数	占全国比重（%）
土地面积（万平方公里）	960.0	91.6	9.5	102.8	10.7	686.7	71.5	78.8	8.2
年底总人口（万人）	134091.0	50663.7	38.0	35696.6	26.8	36069.3	27.0	10954.9	8.2
国内（地区）生产总值（亿元）	401202.0	232030.7	53.1	86109.4	19.7	81408.5	18.6	37493.5	8.6
全社会固定资产投资总额（亿元）	278121.9	115854.0	42.7	62890.5	23.2	61892.2	22.8	30726.0	11.3

---

① 资料来源：《中国统计年鉴（2011）》。

续表

	全国总计	东部地区		中部地区		西部地区		东北地区	
		绝对数	占全国比重（%）	绝对数	占全国比重（%）	绝对数	占全国比重（%）	绝对数	占全国比重（%）
地方财政收入（亿元）	40613.0	23005.4	56.6	6371.4	15.7	7873.4	19.4	3362.8	8.3
货物进出口总额（亿美元）	29740.0	26056.5	87.6	1168.9	3.9	1283.9	4.3	1230.7	4.1
城镇居民可支配收入（元）	19109	23273		15962		15806		15941	
农村居民人均纯收入（元）	5919	8143		5510		4418		6434	

资料来源：《中国统计年鉴（2011）》。

表3-2 2001—2010 年我国东中西部 GDP 占全国比重变动情况

年份	东部		中部		西部	
	绝对量（亿元）	占全国比量（%）	绝对量（亿元）	占全国比量（%）	绝对量（亿元）	占全国比量（%）
2001	63610.3	58.6	26207.8	24.1	18735.1	17.3
2002	71176.7	59.0	28680.6	23.8	20718.4	17.2
2003	82967.4	59.6	32590.4	23.4	23696.3	17.0
2004	99494.7	59.4	39488.9	23.6	28603.5	17.0
2005	117933.7	59.4	46362.1	23.4	33493.3	17.2
2006	138502.1	59.5	53967.5	23.2	40345.7	17.3
2007	165194.1	59.1	65359.8	23.4	49182.5	17.6
2008	194085.2	58.2	78781.0	23.7	60447.8	18.1
2009	211886.9	58.1	86433.3	23.6	66973.5	18.3
2010	250487.9	57.3	105145.6	24.1	81408.5	18.6

资料来源：根据历年《中国统计年鉴》整理得到。

为了更好地反映中国各经济区域 GDP 的比重及各区域的经济发展情况，此处采用三大经济区域的划分标准。如表3-2 所示，近十年间，中国三大经济区域 GDP 的占比没有发生明显变化，仅从 2008 年起，东部地区比重稍有下降，同时西部地区略有上升。总体而言，东部地区 GDP 仍占全国比重的 58% 左右，中部和西部地区分享 GDP 的 24% 和 18% 左右。这说明，东中西部的发展极为不平衡。

1999 年 6 月中央提出西部大开发战略，2000 年正式开始实施，地区间经济协调发展成为新世纪国家战略。紧接着，中部崛起、振兴东北老工业基地等战略规划陆续发布。市场经济的理性选择和中西部地区基础设施、制度环境的改善，带动了部分产业出现向中西部地区转移的迹象。

二　区际产业转移政策沿革

（一）东中西部地区区域政策沿革

新中国成立以来所实施的区域经济发展政策主要可以分为以下几个阶段：1950—1978 年的区域经济均衡发展战略、1979 年以来的区域经济非均衡发展战略和现今的区域经济协调发展战略。

1. 区域经济均衡发展战略

区域经济均衡发展战略是指以中西部欠发达地区为重点发展，以此实现中西部地区和东部沿海地区共同富裕。

新中国成立之初，我国区域经济发展严重失衡。1949 年，全国工业总产值 77% 以上集中在东部沿海地带，而占国土面积 88% 的内陆地区，工业总产值仅占全国工业总产值的 22.4%，更为失衡的是，国土面积占全国 45% 的内蒙古和西北，工业总产值占全国比重仅为 6%。

基于上述事实，在国民经济的恢复时期（1950—1952 年），国家在对上海、辽宁等工业基地进行恢复改造的同时，将一些沿海工业企业内迁到东北北部、西北、华北和华东，在新疆发展石油和有色金属采矿业，在山西、陕西等地新建机械制造业和棉纺织业，在国家重点扶持下，中西部地区现代工业开始起步，这也是新中国成立后一次政策性的产业转移。"按照 1952 年不变价格计算，中西部地区工业总产值增长了 1.5 倍。在第一个五年计划时期（1953—1957 年），动工兴建的限额以上 694 个工业建设项目中，68% 分布在内地，包括工业在内的基本建设投资额中，中西部地区占 46.8%，沿海地区占 36.9%。'一五'时期，中西部工业总产值平均年增长 20.5%，比沿海地区高出 3.7 个百分点，中西部工业总产值占全国比重由 30.6% 提高至 34.1%。"[①]

---

① 上海财经大学区域经济研究中心：《2011 中国区域经济发展报告——从长三角到泛长三角：区域产业梯度转移的理论与实证研究》，上海财经大学出版社 2011 年版。

第二个五年计划时期（1958—1962 年），国家积极开展西南、西北和三门峡周围地区大型水电站的新基地建设。经济调整时期（1963—1965年），国家进一步加强了中西部地区工业建设，自 1964 年开始，将钢铁工业的投资转向中西部地区。这一时期，中西部地区基本建设投资额占全国比重提高到 58.3%。第三个五年计划时期（1966—1970 年）和第四个五年计划时期（1971—1975 年），国家以备战为中心，以"三线"建设为重点。"四五"后期到"五五"（1976—1980 年）初期，国家投资布局开始逐步向东部沿海地区转移。

2. 区域经济非均衡发展战略

区域经济非均衡发展战略是指，以东部沿海地区为重点发展，中西部地区和东部沿海地区共同富裕的总体性策划。改革开放后，国家对区域经济发展战略进行了重大调整，在梯度发展战略理论的支撑下，将区域战略由均衡发展转变为非均衡发展。梯度推移理论认为，无论是在世界范围，还是一国范围，经济技术的发展都是不平衡的，地区间客观上存在着经济技术的梯度。生产力的空间推移，要从梯度的实际出发，让有条件的高梯度地区发展或引进先进技术，然后逐步向低梯度地区推进，随着经济发展，推移速度加快，进而缩小地区间梯度差距，实现经济均衡发展。因此，根据梯度推移理论，发达地区的产业可以通过梯度推移转移到欠发达地区，从而缩小地区差距。邓小平提出"允许和支持一部分人、一部分地区通过诚实劳动和合法经营先富起来，鼓励先富起来的帮助未富起来的"，在这样的思想指导下，国家实行了鼓励沿海地区率先发展的政策。

这一政策本质是具有倾斜性的，强调优先发展某一地区的优势产业、主导产业和支柱产业，从而放弃了其他地区的发展，通过区际协作和交换来满足各自的需求，而非自我平衡。这一时期实施非平衡政策的原因是：第一，为了国家整体经济快速发展的需要。由于经济基础较为薄弱，财力有限，因此不允许我们采取全面发展的战略。而沿海地区较内陆而言，本身具有优势，通过物质投入见效较快。第二，为了推进改革开放政策的需要。改革初期，由于对改革政策和开放政策缺乏经验，沿海地区国有经济基础较为薄弱，比较合适作为试验地。

在非平衡发展战略的导向下，我国经济发展重心迅速向沿海地区倾斜，主要表现在以下几个方面：①东部沿海地区率先实行开放政策。1980年，深圳、珠海、厦门、汕头四个经济特区成立；1984 年，国务院决定进一步开放沿海 14 个港口城市和海南岛，1985 年将海南岛建制成海南省；1990 年 4 月，浦东新区开放，随后天津、上海、广州、江苏等地保税区开辟。这一系列政策实施的直接结果是，从 1980 年到 1994 年，全国累计外商投资额达到 1300 多亿美元，88% 的投资集中在东部沿海地区。1994 年，东部地区实际利用外资 311.5 亿美元，占全国的 87.4%，中西部地区实际利用外资额仅为东部地区的 14.5%。②国家基本建设投资重点投向东部沿海地区。1981—1989 年，东部地区基本建设投资额为 4522 亿元，占全国比重 50.1%，同期中西部仅占 34.4%，东部比重此后逐年上升，1996 年达到 54%。③对东部沿海地区实行放权让利的财政政策。

非均衡战略的实施促进了东部地区的快速发展，东部地区经济实力显著提升，同时辐射带动能力也得到加强，有力地促进和带动了内陆地区经济增长。但是，这一政策的劣势也逐渐显现，主要表现为区域的两极分化。沿海的倾斜性发展是以放弃中西部的发展作为代价，损害了中西部地区的自我发展能力。因此，随后国家提出了三个地区协调发展的政策。

3. 东中西区域经济协调发展的宏观政策

改革开放 30 多年来，中国经济取得了举世瞩目的成就，然而收入差距的逐年上升是一个不容回避的问题。基尼系数从 1983 年的 0.28 上升到 2001 年的 0.447，2004 年达到 0.465。随着地区间收入差距的不断扩大，逐渐简化为东部与中西部地区之间的差距，进而中国经济呈现收敛状态。伴随着沿海地区率先发展倾斜政策的实施，东部地区经济快速增长，经济发展的空间不平衡问题日益凸显。我国幅员辽阔，地区间差异较大，因此需要采取有效的途径来实现各地区的共同繁荣，这就需要根据各地的实际情况，采取相应的区域政策，促进各区域间协调发展。《国民经济和社会发展"九五"计划和 2010 年远景目标纲要》中，中央明确提出了区域经济协调发展思路。1999 年，旨在缩小地区差距的西部大开发战略实施，国家通过垂直重点项目投资和加大财政对西部省份的转移支付两方面的财政政策，对西部地区进行了重点支持。中央对西部 12 省市的转移支付比重由 1995 年的 32.9% 上升到 2001 年的 41.6%。中央继而在 2003 年提出"振兴东北老工业基地"战略，2004 年"中部崛起"战略，中部地区的财政支持力度逐年加大。

(二) 区际产业转移政策沿革

羊绍武 (2008) 按照新中国成立、中国产业转移历史进程中的制度变迁和中国参与国际产业转移为依据,将中国产业转移划分为三个阶段,分别为 1949—1978 年、1979—2001 年、2002 年至今。马子红(2009)以 1949 年和 1978 年为界,将中国区际产业转移划分为三个阶段,第一阶段是 1949 年以前的区际产业转移,第二阶段是 1949—1978 年的区际产业转移,第三阶段是 1978 年以后的区际产业转移。张经强(2009)认为,自近代工业在我国出现开始,我国产业(以制造业为主)出现了三次大规模的转移,转移方向均为沿海到内地。第一次大规模产业转移发生于抗战时期,第二次大规模产业转移发生于"三线"建设时期,第三次大规模产业转移发生在 20 世纪 90 年代中后期。

本书认为,要对中国区际产业转移政策进行系统研究,不仅要研究新中国成立后的产业转移政策,1949 年之前尤其是抗战时期发生的产业内迁也是我们研究的一个重要方面,因为在抗战时期我国所发生的产业转移是近现代工业出现以来,第一次大规模的产业转移,而且转移的原因较为特殊,因此有必要对新中国成立前的产业政策进行梳理。新中国成立后产业转移政策的几个重要时间节点分别为 1949 年新中国成立,1978 年改革开放开始,1992 年邓小平"南方谈话",2001 年中国加入 WTO。综合以上因素,借鉴前人划分标准,依照我国区域政策沿革背景,本书将中国区际产业转移的政策沿革划分为以下几个阶段:

1. 第一阶段:1949 年以前,抗战时期的区际产业转移

抗战初期,我国工业基础薄弱,技术水平低下,地区分布极其不均衡,70% 的工业集中在上海、广州、南京等沿海城市,西部地区工业总产值不到全国的 10%。随着抗战爆发,东部沿海城市相继沦陷,一些工业内迁至西南和西北地区,绝大部分迁往四川重庆一带,这些工业包括冶炼、煤炭、石油等。与此同时,科教、服务业等第三产业也纷纷内迁。这次产业转移的原因是由于抗战爆发,产业转移被迫发生,并非企业自身经营需要。但是这次产业转移使我国原本就相当薄弱的工业得以保全,为抗战胜利和国民经济恢复做出了重大贡献。

2. 第二阶段:1949—1978 年,计划经济体制下的区际产业转移

新中国成立后,为了实现经济全面复苏,调整优化区域产业结构,政府逐步将沿海地区的部分工业企业和高校、科研院所内迁至东北、华北、西北地区。这一阶段,我国区际产业转移的"关键词"毋庸置疑应该是"三线建设",几乎所有研究这一时期区域和产业政策的学者都提到了

"三线建设"。然而除了"三线建设"外,本书借鉴羊绍武(2008)的观点,认为在同一时期的苏联援华政策也是我国产业转移政策不可忽视的节点,这是我国最早也是在当时最重要的承接国际产业转移事件。

(1)承接苏联产业转移:我国最早的国际产业承接事件。20世纪50年代根据中苏双方协议,苏联为支持新中国工业建设,"一五"期间正式实施项目150个。1958年、1959年两年间,苏联帮助中国建设成套设备项目304项,截至1960年中苏关系破裂时,全部建成项目有120项,基本建成29项,废止合同89项,中国自行建设66项;64项单独车间和装置中建成29项,废止合同35项。20世纪50年代中国和东欧各国签订协议引进成套设备建设项目116项,完成和基本完成108项,解除义务8项;单向设备88项,完成和基本完成81项,解除义务7项。①

苏联对中国的产业转移,对中国工业化建设起到了不容忽视的作用,中国从苏联获得的约13亿—16亿美元的贷款是构成新中国成立初期工业发展的资本原始积累重要来源之一,承接苏联产业转移不仅仅体现在承接资本和技术,也承接了苏联模式。

不同于以经济发展为目的的产业转移,苏联对华产业转移是冷战时期基于政治利益考虑的国际产业转移,这是国家行为而非企业行为,因此当中苏国家关系恶化时,两国间的产业转移也宣告停止。但是我们也要客观认识到,正是由于承接苏联产业转移,才为新中国工业化奠定了产业基础。苏联的产业转移项目集中在能源工业、冶金工业、化学工业、机械工业和国防工业,主要项目如富拉尔基重机厂、兰州炼油化工厂、长春第一汽车厂、武汉钢铁公司和包头钢铁公司等,很多项目至今仍然为我国的工业发展发挥着不可替代的作用。

(2)"三线建设":特殊历史条件下政府主导的区际产业转移事件。"一五"时期,国家重点以重工业为主开展了大规模的基本建设,主要以鞍钢为中心的东北工业基地,以武钢为中心的华中工业基地,以包钢为中心的华北工业基地展开建设。在全国基建投资总额中,沿海占36.9%,内地占46.8%。国家集中全国基本建设投资的1/4用于建设东北地区,对冶金、煤炭、机械制造工业进行大规模新建和扩建,使东北地区成为支

---

① 陈东林:《20世纪50—70年代中国的对外经济引进》,《上海行政学院学报》2004年第6期。

撑全国经济建设的生产资料供应基地。同时期，国家将 156 项重点工程近 1/3 放在了西部，为西部第一批新兴工业化基地奠定了基础。但是由于国际形势的影响，在这一时期国家忽视了沿海的发展，对沿海的投资较少，1955 年，沿海地区工业增速仅 4.5%。[①]

毛泽东在《论十大关系》中，着重论述了沿海与内地的关系，强调要兼顾内地与沿海的发展，按照这一精神，在"二五"计划中国家对生产力布局进行了重新部署，在继续加强东北工业基地建设的同时，适当加强华东、华北和中南沿海城市工业，内地除了继续武钢、包钢新基地建设外，同时要积极进行西南、西北和三门峡周围基地建设。但是 1958 年开始的"大跃进"将这一部署打乱，导致"二五"时期固定资产交付使用率为 71.5%，较"一五"时期下降了 12 个百分点[②]，国家投资重点进一步向内地推移。在 1963—1965 年这一调整时期内，大部分布局不当的中小企业被关停并转，在建项目停建，地区布局方面，国家进一步加强了内地的工业建设。

1964 年，中央从备战出发，将全国分为"一线"、"二线"和"三线"地区，同年 8 月，国家建委召开一、二线搬迁会议，提出要大分散、小集中，少数国防尖端项目要"靠山、分散、隐蔽"（简称山、散、洞）。有的还要进洞。三线建设宣告拉开帷幕。

在 1964—1980 年间，国家在三线地区共审批 1100 多个中大型建设项目。大批原先位于大城市的工厂与人才进入西部山区。出于国防考虑，这些工厂的位置都较为偏僻和分散，导致企业的后续发展进入"瓶颈"。如陕西汉中飞机工业基地，下属 28 个单位分散在两个地区，7 个县的范围内，其中一个企业被分散在 6 个自然村，装配零部件需要汽车往返几十甚至上百公里，员工上下班也非常不便。陕西新建的 400 多个三线项目，近 90% 远离城市，分散在关中平原和陕南山区的 48 个县，多数是一厂一点，有些甚至是一厂多点，而且山区内信息闭塞，生产出来的产品往往无法跟上世界潮流，显得过时落伍。有时山区内暴发山洪等自然灾害，企业就会损失惨重。冬季大雪封山后，工人更处于与世隔绝的状态，时人用"洞中方数月，世上已千年"来形容这些工厂的闭塞与环境的恶劣艰苦。也

---

①　陈栋生：《区域经济学》，河南人民出版社 1993 年版。

②　同上。

因此，许多的厂矿单位里医院、商店、学校设施一应俱全，成为一个封闭的社会。十堰、安顺、攀枝花、新余等城市更是因三线建设才得以出现。1973 年，国家正式发文重点建设贵阳、重庆、安顺、绵阳四个重点城市，后来这四个城市成为全国三线企业的核心。

20 世纪 80 年代后，随着改革开放与冷战趋于缓和，三线建设由保密名词逐渐见于报端。而改革开放后，许多三线建设单位由于位置偏僻闭塞而难有发展。1983 年 12 月，中国政府在成都设立国务院三线办公室。1984 年 11 月在成都召开会议，确定第一批调整 121 个单位，迁并 48 个，全部转产 15 个。其后，一些三线企业陆续迁往邻近中小城市，如咸阳、宝鸡、沙市、襄樊、汉中、德阳、绵阳、天水附近。而技术密集型企业和军工科技企业则迁往成都、重庆、西安、兰州等大城市。这些企业迁移后，多半进行了改制，由军用企业转为民用企业。一些未迁移的企业，则逐步走向荒废关闭，也有部分企业在地方政府的帮助下得以继续生存，但生产门类已经发生了巨大变化。

从区际产业转移的角度来看，首先，"三线建设"是以强制性行政命令推动的区际产业转移，与中苏之间国际产业转移行为相同，转移的主体是国家，而非企业行为。其次，"三线建设"是以一切服从于国防建设为主要目的，兼顾经济目标的区际产业转移，因而与产业发展的效率和效益难以兼顾。最后，在这一特定历史时期和国际背景下做出的大规模的产业转移，很大程度上带动了中西部的经济发展。

这一阶段区际产业转移的特征是：第一，政治因素决定了产业转移。第二，国家是产业转移的行为主体，企业和个人仅是这项行为的参与者。第三，产业转移的外在环境从对社会主义国家有限开放到对所有国家完全封闭。

3. 第三阶段：1979—2001 年，中国加入 WTO 前，计划经济向市场经济转轨时期的产业转移

这一时期的产业转移形态多样，可以从两个视角进行分析，分别是承接国际产业转移和国内区际产业转移。

首先我们来考察在第三阶段中承接产业转移的情况。考虑到 1992 年邓小平"南方谈话"和党的十四大对社会主义市场经济体制模式确认这两个节点事件，在这一阶段的承接产业转移分析中，我们以 1992 年为界分为两个时间段，分别是 1979—1991 年和 1992—2001 年。

表 3 - 3　　　　　　　　1979—2001 年外商直接投资情况　　　　单位：亿美元

年度	项目数（个）	合同外资金额	合同外资金额增长率（%）	实际使用外资金额	实际使用外资金额增长率（%）
1979—1982	920	49.58	—	17.69	—
1983	638	19.17	—	9.16	—
1984	2166	28.75	49.99	14.19	54.91
1985	3073	63.33	120.27	19.56	37.8
1986	1498	33.3	-47.41	22.44	14.72
1987	2233	37.09	11.38	23.14	3.11
1988	5945	52.97	42.81	31.94	46.67
1989	5779	56	5.72	33.93	6.23
1990	7273	65.96	17.78	34.87	2.77
1991	12978	119.77	81.57	43.66	25.2
1992	48764	581.24	385.2	110.08	152.13
1993	83437	1114.36	-91.72	275.15	149.95
1994	47549	826.8	-25.8	337.67	22.72
1995	37011	912.82	10.4	375.21	11.12
1996	24556	732.76	-19.72	417.26	11.2
1997	21001	510.03	-30.39	452.57	8.46
1998	19799	521.02	2.15	454.63	0.45
1999	16918	412.23	-20.88	403.19	-11.31
2000	22347	623.8	51.32	407.15	0.98
2001	26140	691.95	10.82	468.78	15.13

资料来源：根据商务部统计资料（http://www.mofcom.gov.cn/pub/FDI/wztj/lntjsj/wstzsj/2002yearzgwztj/i20060423_ 27791.htm）和世界投资报告计算得到。

从表 3 - 3 中可以看出，1979—1991 年，我国合同利用外资金额 525.92 亿美元，实际利用外资 250.58 美元，年平均合同利用外资金额 40.45 亿美元，年平均实际利用外资额 19.27 亿美元，这一时期，中国利用外资的产业主要集中在劳动密集型产业，可以看出，这一时期国外对华投资仍处于小规模的试验性投资阶段。

1992 年的邓小平"南方谈话"和十四大的召开，对中国加快开放起到了至关重要的影响，同时，1992 年也是苏联解体冷战结束后的开始年，这一年的国际形势对中国加快开放更为有利。与 1991 年相比，中国利用外资实现了历史跨越，1992 年合同利用外资增长率为 385.2%，实际利用外资增长率达到了 152.13%，在此后的十年间（1992—2001 年），中国合同利用外资总额 6927.01 亿美元，实际利用外资总额 3701.69 亿美元。随着利用外资规模的扩大，外资的投资领域也逐渐多元化，制造业成为这一时期中国承接国际产业转移的主要领域。

接下来，本书从第二个视角即国内区际产业转移的角度分析第三阶段的产业转移情况。

从国家层面看，相当长的时期内，中国改革开放的重心都在沿海地区，优先发展沿海地区是符合我国经济发展客观规律的要求，但是这样的不平衡发展必将造成地区间经济发展差距的加大，尤其是在这一阶段，表现得越来越明显。为了促进地区间协调发展，2000 年中央实施西部大开发战略，此后政府不断加大对中西部地区的投资力度，鼓励发达地区企业西进。

从地方层面看，在"南方谈话"之前，欠发达地区政府对向中央争取优惠政策缺乏自主动力，更多的是被动接受中央政策，同时在引进外资方面也缺乏相应的地区政策。直到 1992 年之后，这样的情况才发生了改变。中西部地区开始一方面用优惠政策来吸引外资，另一方面也意识到了承接产业转移的重要性，开始主动走出来，到东部地区进行招商引资。

通过这一时期区际产业转移的实施情况可以看出，在 1992 年之前的区际转移主要是建立在市场自发机制基础上的，而 1992—1999 年的产业转移是由市场、地方政府两方面共同作用形成的，2000 年以后则是国家、地方政府和市场力量共同作用的结果。

这一阶段产业转移的特征是：第一，产业转移以承接为主，外移不足。这和当时的历史背景是分不开的，20 世纪末，中国工业化水平相对低下，与发达国家之间存在着结构差和水平差，同时，由于中国廉价的劳动力资源，这都为承接产业转移创造了良好的条件。但是，我们在大量承接产业转移的同时，也不能够忽视中国企业的"走出去"战略，只有走出去才能够应对日益频繁的贸易摩擦，缓解国内市场容量有限和国内资源短缺状况。第二，产业转移的重点行业是制造业，服务业在产业转移中所占比重较轻。这是因为我国的特殊情况，导致我们在制造业生产要素上的比较优势较大。第三，重视地区优先发展而非协调发展。1979—2000 年西部大开发实施之前的这段时期，中央政府更为重视东部地区优先发展，对东中西协调发展重视不足，直到 2000 年西部大开发战略的实施，才在一定程度上减缓了地区差距。

第二节　中国区际产业转移的现状描述、发展趋势和尚存问题

本节以当前区际产业转移的形态为研究对象，通过对产业转移现状描述、趋势研判以及尚存问题分析，回答以下问题：现阶段区际产业转移有什么特点？未来的发展趋势如何？东部和西部的产业外移和产业承接对当地经济发展有什么影响？当"瓶颈"出现时，各地区如何在各种约束下平衡协调发展？

一　区际产业转移现状描述

（一）地区经济发展水平差距与区际产业转移

对于地区经济发展状况的度量，一般采用人均地区生产总值这一指标，但是，人均地区生产总值虽然能够反映该地区经济发展的结果，但却无法解释形成这一结果的原因。因此，在描述地区经济发展水平差距与区际产业转移的关系时，我们首先要说明，地区经济发展差距这一结果是由地区产业发展差距造成的；其次，要说明通过区际产业转移可以缩小地区差距。

1. 产业基础与地区经济发展差距

我国现阶段地区经济发展处于不平衡的态势，这种不平衡不仅体现在东西部地区之间，也体现在同一地区的不同次区域之间。图 3－1 描述了 2011 年我国各地区人均生产总值的散点图分布，从图中可以明显看出，以人均地区生产总值为衡量变量的地区经济发展是不平衡的。

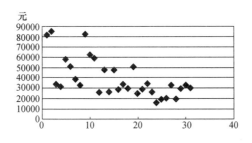

图 3－1　人均地区生产总值散点图

资料来源：《中国统计年鉴（2012）》。

　　我们利用散点图的分布，以人均生产总值 30000 元和 40000 元作为分界线，考察人均地区生产总值小于 30000 元地区和大于 40000 元地区之间的差异，结果见表 3 – 4。

表 3 – 4　　　　　　　　2011 年人均地区生产总值分布情况

序号	人均地区生产总值 < 30000 元的地区		人均地区生产总值 > 40000 元的地区	
1	湖　南	29880	天　津	85213
2	青　海	29522	上　海	82560
3	海　南	28898	北　京	81658
4	河　南	28661	江　苏	62290
5	江　西	26150	浙　江	59249
6	四　川	26133	内蒙古	57974
7	广　西	25326	辽　宁	50760
8	西　藏	20077	福　建	47377
9	甘　肃	19595	山　东	47335
10	云　南	19265		
11	贵　州	16413		

资料来源：《中国统计年鉴（2012）》。

　　在人均地区生产总值小于 30000 元的 11 个地区中，除海南是东部地区外，其余省份均为中西部地区，而人均地区生产总值大于 40000 元的 9 个地区中，仅有内蒙古属于西部地区，其余各地域均属东部地区（这里按照东中西三大区域划分，不单独考虑东北地区）。人均值最高的天津地区是最低的贵州地区的 5.19 倍，东西部地区间差距较为明显。人均值最低的 11 个地区内部，差距也是存在的，排名最后的贵州仅为排名第一湖南人均地区生产总值的一半，而人均值最高的 9 个地区内部，第一天津市人均生产总值是排名最后山东省的 1.8 倍。由此可见，不仅跨区域间存在经济发展不平衡，区域内部的非均衡态势也很明显。如果考虑到各省份内部地区的差异时，以人均地区生产总值为衡量变量的代表性将会进一步被削弱。

　　地区经济发展差距所形成的产业基础是由地区间产业结构差异和产业发展水平差异构成的。产业结构差异体现在三次产业构成上，产业发展水平差异体现了制造业和服务业的发展差异。国家近年来对东部地区的大量投入，为东部地区制造业和服务业的发展起到了巨大的推动作用，从而促进了东部地区产业发展，拉大了和中西部地区的差距。表3-5反映了2011年人均地区生产总值小于30000元和大于40000元地区的第一、第二、第三产业构成情况。

表3-5　　　　　　　　　2011年地区产业构成　　　　　　单位:%

人均地区生产总值 <30000 元的地区				人均地区生产总值 >40000 元的地区			
	第一产业	第二产业	第三产业		第一产业	第二产业	第三产业
湖南	14.1	47.6	38.3	天津	1.4	52.4	46.2
青海	9.3	58.4	32.3	上海	0.7	41.3	58
海南	26.1	28.3	45.5	北京	0.8	23.1	76.1
河南	13	57.3	29.7	江苏	6.2	51.3	42.4
江西	11.9	54.6	33.5	浙江	4.9	51.2	43.9
四川	14.2	52.5	33.4	内蒙古	9.1	56	34.9
广西	17.5	48.4	34.1	辽宁	8.6	54.7	36.7
西藏	12.3	34.5	53.2	福建	9.2	51.6	39.2
甘肃	13.5	47.4	39.1	山东	8.8	52.9	38.3
云南	15.9	42.5	41.6				
贵州	12.7	38.5	48.8				

资料来源:《中国统计年鉴（2012）》。

按照人均地区生产总值的划分，排名最高的九个省市，第一产业所占比重全部低于10%，最低的为上海和北京，均不到1%。第二、第三产业平均占比48.27%和46.19%，其中北京第三产业所占比重最高，为76.1%，其次为上海，为58%。反观排名最靠后的11个省区，第一产业占比全部超过10%，平均占比14.59%，除海南、西藏和贵州外，其余省区的第二产业比重都超过了第三产业比重。

从上述分析中我们可以看出，中国地区经济发展的差距，在未来一段时期内，仍将会扩大，中西部地区与东部沿海地区相比，绝对差距也将持续扩大，相对差距是否能够缩小，主要取决于东部地区与中西部地区发展速度的比较。造成这种差距的主要原因就是东部沿海地区拥有良好的产业基础和产业发展条件。

2. 区际产业转移与地区经济发展差距

前文论述了地区经济发展差距所形成的产业基础是由地区间产业发展水平和产业结构差异造成的，在这种差异存在的背景下，通过东部地区对中西部地区的产业转移，可以在一定程度上缩小地区间不平衡发展趋势。

首先，产业转移可以推动生产要素流向发生区际变化。一直以来由于我国产业发展的重点是在东部沿海地区，这种对生产要素的巨大需求和吸引力导致中西部地区生产要素大量流入。虽然东部地区的生产要素随着部分产业转移过程也流向中西部，但总体看来，中西部地区处于生产要素的净流出格局。在这样的格局下，东部产业尤其是制造业得到了蓬勃发展，但是由于生产要素不断流出，中西部地区资源大量被开采，经济发展受到了限制，产业结构区域单一，这种"卖资源"的产业格局所导致的结果就是资源型产业的日益恶化。因此，推动区际产业转移显得尤为重要，通过东部地区生产要素向中西部的流动，使中西部地区能够构建新的产业格局，有利于本就拥有资源比较优势的中西部地区经济快速发展。

其次，产业转移可以推动产业结构进行区际调整。对于一个地区而言，无论是产业的转移还是承接，都会引起本地区产业结构的变化。对于转出地而言，将已不再具有比较优势的产业转出，有利于自身产业结构调整和升级。对于转入地而言，承接本地区具有优势的产业，可以改变目前落后的产业结构，在更高水平上实现产业结构的均衡。对于欠发达的中西部地区而言，自身产业发展的内生动力不足，因此需要借助外力也就是来自发达地区的产业转移来弥补。东部地区资本要素西进，有利于西部地区资本形成，补充由于自身资本形成有限和中央财政支持不足的现状。同时在产业转移过程中，人力资本的西进有助于中西部地区企业的发展。

（二）产业区域分布现状

根据配第一克拉克定律，随着经济发展和技术进步，劳动力逐渐从第一产业流向第二、第三产业，使产业构成和产业增加值构成呈现出第一产业不断下降，第二、第三产业不断上升的趋势。

表3-6　　　　2011年各地区三次产业增加值构成情况　　　单位:%

地区	第一产业	第二产业	第三产业	第二、第三产业比重排序
上海	0.7	41.3	58	1
北京	0.8	23.1	76.1	2
天津	1.4	52.4	46.2	3
浙江	4.9	51.2	43.9	4
广东	5	49.7	45.3	5
山西	5.7	59	35.2	6
江苏	6.2	51.3	42.4	7
重庆	8.4	55.4	36.2	8
辽宁	8.6	54.7	36.7	9
宁夏	8.8	50.2	41	10
山东	8.8	52.9	38.3	11
内蒙古	9.1	56	34.9	12
福建	9.2	51.6	39.2	13
青海	9.3	58.4	32.3	14
陕西	9.8	55.4	34.8	15
河北	11.9	53.5	34.6	16
江西	11.9	54.6	33.5	17
吉林	12.1	53.1	34.8	18
西藏	12.3	34.5	53.2	19
贵州	12.7	38.5	48.8	20
河南	13	57.3	29.7	21
湖北	13.1	50	36.9	22
安徽	13.2	54.3	32.5	23
黑龙江	13.5	50.3	36.2	24
甘肃	13.5	47.4	39.1	25
湖南	14.1	47.6	38.3	26
四川	14.2	52.5	33.4	27
云南	15.9	42.5	41.6	28
新疆	17.2	48.8	34	29
广西	17.5	48.4	34.1	30
海南	26.1	28.3	45.5	31

资料来源:《中国统计年鉴(2012)》。

从表 3 - 6 中可以看出，我国东部地区第二、第三产业增加值所占比重明显高于中西部地区，这说明东部地区的经济和技术梯度明显高于中西部，具备了产业向外转移的条件。同时我们也要看到，东部地区的产业转移并不是对中西部经济发展的恩赐，而是东部地区自身经济发展的需要。面对资源环境压力和产业升级的需要，在国际竞争日益加剧的背景下，东部地区必须转变经济发展方式，通过产业外移来实现产业结构的转变和升级。

东部地区通过产业外移，一方面可以有效缓解资源紧张的现状。20世纪八九十年代，珠三角和长三角地区承接了大量资源密集型产业，对当地经济发展起到了重要作用，但是由于土地资源、能源和其他资源日益紧张，国内区际资源供求矛盾加剧，生产成本上升。因此，将一部分资源密集型产业转移到本就具有资源比较优势的中西部的地域来生产，不仅有利于东部地区的发展，同时对中西部地区经济发展也是有效的促进。

另一方面，通过产业转移，东部地区环境状况可以得到明显改善。东部地区将一部分污染企业转移到中西部地区，可以降低本地区污染企业集中度，减少污染企业数量，更好地实现节能减排目标。但是我们并不认同污染转移，中西部在承接污染企业转移的过程中，可以实现污染企业布局分散化，根据本地区实际环境承载能力确定承接产业的类型和企业数量，做到量力而为。

（三）工业企业区域分布现状

一般来说，一个地区制造业企业实力反映了该地区的工业经济实力，同时也反映了该地区工业经济发展的基本状况。因此，中国区际工业发展的不平衡也体现在制造业企业发展的不平衡上。20 世纪 90 年代，我国工业市场集中度不高，根据第三次全国工业普查数据，1995 年我国前 100 家工业企业销售集中率仅有 15.5%，前 500 家企业为 26.6%。[1] 由于集中度是一个国家或地区制造业、服务业等产业部门中若干家最大企业的生产要素和产出的集中情况，因此制造业前 500 家企业区域分布的特性在一定程度上反映了工业企业的区域分布情况。

---

[1]　魏后凯：《中国制造业集中状况及其国际比较》，《中国工业经济》2002 年第 2 期。

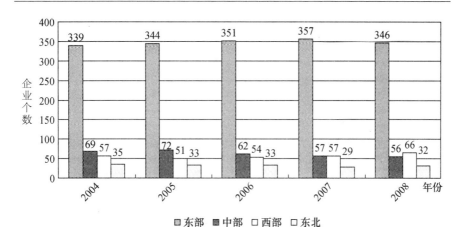

图 3 - 2　2004—2008 年中国制造业企业 500 强分布

从图 3 - 2 中可以看出，东部地区在 500 强的分布上占有明显优势，这与东部地区经济发展水平密切相关，从 2004 年到 2007 年，东部地区平均占据 500 强中的 347 席，集聚效应显著，剩余三个区域明显处于弱势地位。

表 3 - 7　　　　2004—2007 年中国制造业企业 500 强地理集中度变化

地区	2004 年		2005 年		2006 年		2007 年	
	企业个数	营业额比重（%）	企业个数	营业额比重（%）	企业个数	营业额比重（%）	企业个数	营业额比重（%）
上海	26	13.52	21	10.55	25	9.54	23	8.34
北京	23	12.41	33	15.51	37	16.83	39	18.02
山东	55	9.75	59	10.18	42	8.69	42	8.52
广东	52	9.05	44	8.13	32	7.03	30	8.87
江苏	44	8.02	38	7.11	56	8.5	82	10.36
浙江	61	7.15	70	7.81	81	8.46	66	7.17
天津	26	5.2	28	6.89	30	6.99	29	6.38
辽宁	28	5.18	29	5.21	27	4.65	22	4.11
河北	43	4.95	36	4.66	36	4.05	34	4.07
湖北	7	3.25	7	3.17	9	3.2	8	3.18
吉林	2	2.65	2	2.21	2	2.11	3	2.24
河南	22	2.17	25	2.29	16	1.83	16	1.95
安徽	14	2.09	13	2.09	13	2.23	12	2.03
四川	11	2.03	12	2.34	11	2.26	12	1.98

续表

地区	2004 年		2005 年		2006 年		2007 年	
	企业个数	营业额比重（%）	企业个数	营业额比重（%）	企业个数	营业额比重（%）	企业个数	营业额比重（%）
云南	9	1.89	8	2.06	8	2.18	7	1.46
湖南	13	1.82	11	1.59	10	1.63	9	1.68
福建	9	1.28	15	1.59	12	1.55	12	1.71
江西	7	1.13	9	1.54	7	1.57	7	1.61
重庆	11	1.1	7	0.78	10	0.99	10	0.98
山西	6	1.03	7	1.09	7	1.15	5	1.33
内蒙古	4	0.84	4	0.9	4	0.9	4	0.83
黑龙江	5	0.76	2	0.19	4	0.64	4	0.5
广西	5	0.7	5	0.68	5	0.68	9	0.95
甘肃	3	0.68	2	0.38	3	0.89	2	0.38
陕西	5	0.44	6	0.67	6	0.75	5	0.56
贵州	3	0.32	3	0.36	2	0.27	3	0.34
新疆	3	0.28	3	0.27	2	0.12	2	0.15
海南	1	0.19						
宁夏	1	0.07	1	0.08	1	0.14	1	0.1
青海	1	0.04			2	0.2	2	0.19
全国	500	100	500	100	500	100	500	100

资料来源：根据各年度中国 500 强企业发展报告整理得到。转引自武前波等《中国制造业 500 强集中度变化特征及其区域效应分析》，《经济地理》2011 年第 2 期。

表 3－7 描述了 500 强企业的地理集中度变化情况，我们可以从表中的数据发现如下趋势：第一，北京、上海和广东是企业选择总部的首先考虑城市。2004 年，北京、上海和广东分别拥有企业个数为 23、26 和 52，2007 年，这组数字变为 39、23 和 30，这与它们所在的地理位置和发展水平密切相关。第二，东部省份仍然是制造业企业选址的最优选择，从东部地区各省份拥有的企业数量可以明显看出。集中度较高的省份分别为山东、天津、江苏和浙江。第三，除东部地区外，辽宁、湖北、河北和吉林的企业集中度相对较高，河南、四川、湖南等中部地区次之，而其他内陆省份的集中度则出现了不同程度的下降趋势。

二　区际产业转移发展趋势

2010 年 8 月 31 日，国务院出台了《关于中西部地区承接产业转移的指导意见》，明确提出了引导和支持中西部地区承接产业转移，促进区域间协调发展和东部地区经济转型升级。这表明，在新的政策推动下，"十二五"时期我国产业转移进入了大规模的整体转移阶段。

经过 20 多年的发展，中国已形成四大主要工业聚集区，即长三角地区、珠三角地区、京津冀鲁地区和东北老工业基地。这些地区既是中国承接国际产业转移的平台，也是国内区际产业转移的动力源。

（一）长三角地区

长三角地区包括 1 个省级行政区（上海市）、2 个省会城市（南京市和杭州市）、1 个副省级城市（宁波市），以及 11 个地级市（江苏省的苏州、无锡、常州、扬州、镇江、泰州、南通以及浙江省的嘉兴、湖州、绍兴和舟山）。总面积达到 9.97 万平方公里。随着 2005 年长江三角洲区域规划工作的启动，浙江省台州市被列入长三角地区范围。

1978 年，长三角 GDP 占全国 GDP 比重为 18.7%；1999 年上升到 19.5%，2003 年进一步达到 23.97%，其中工业总产值的比重在 2003 年达到了 30%。

表 3-8　　　　　　　　长三角地区产业结构动态变化　　　　　　单位:%

		1978 年	1990 年	2003 年	2011 年
上海	第一产业	4.0	4.3	1.5	0.7
	第二产业	77.4	63.8	50.1	41.3
	第三产业	18.6	31.9	48.4	58.0
浙江	第一产业	38.1	25.1	7.7	4.9
	第二产业	43.2	48.9	52.6	51.2
	第三产业	18.7	26.0	39.7	43.9
江苏	第一产业	27.6	26.9	8.9	6.2
	第二产业	52.6	48.6	54.5	51.3
	第三产业	19.8	24.5	36.6	42.4

资料来源：根据历年《中国统计年鉴》整理得到。

从表3－8中可以看出，自20世纪90年代开始，上海的产业结构有逐步向第三产业倾斜趋势，在三次产业构成中第三产业比重不断攀升，由1990年的31.9%上升到2011年的58.0%。反观浙江和江苏，第二产业在三次产业构成中仍占最大比重，2003年和2011年占比均高于上海。从绝对数来看，2003年，浙江省工业产值占全国工业总产值的9.0%，江苏工业产值占全国的12.7%，而上海仅为7.3%。由此可见，现在长三角的制造重心已经从上海转移到了浙江和江苏，在这种区际产业转移过程中，长三角依旧保持着全国制造业的中心地位。

（二）珠三角地区

珠三角地区位于广东省东南部，从行政区域看，包括广州、深圳、珠海、佛山、东莞、江门、中山、肇庆市区、惠州市区、惠阳区、惠东县、博罗县、高要市和四会市14个市县，面积41698平方公里。

改革开放以来，珠三角地区充分发挥改革"试验田"作用，率先在全国推行以市场为取向的改革，较早建立了社会主义市场经济体制框架，成为全国市场化程度最高、市场体系最完备的地区。

如今珠三角地区已经基本完成了从传统农业向现代工业经济的转变。1980年，珠三角地区GDP为119.2亿元，占广东省GDP的47.7%，占全国GDP的2.6%，人均GDP为732元。到了1985年，这一数字已经攀升至1729元，且随后的几年内逐渐上升，1990年达到4524元，1995年为8495元，到2001年，珠三角地区人均GDP为35792元，GDP为8363.9亿元，占广东省和全国的比重分别为78.6%和8.7%。

在产业结构方面，三次产业比重由1980年的25.8∶45.3∶28.9，变成2001年的5.3∶49.5∶45.2，2010年三次产业比重变为2.1∶49.3∶48.6。从这一变化可以看出，第一产业比重有了大幅度的下降，同时第二、第三产业比重大幅增加，尤其是第三产业，从1980年到2010年上升了19.7个百分点。社会消费品零售总额由1980年的70.7亿元增加到2001年的3120.1亿元，2010年，这一数值达到12613.24亿元。

珠三角地区依托毗邻港澳的区位优势，抓住要素重组和国际产业转移的历史机遇，率先建立了开放型经济体系，成为我国外向度最高的经济区域和对外开放重要窗口，带动广东省由落后的农业大省转变为经济大省，经济总量先后超过了亚洲"四小龙"，奠定了建立世界制造业基地的雄厚基础，成为推动我国经济社会发展的强大引擎。整个珠三角地区的经济增长方式正在由劳动密集型向资本和技术密集型转变，从粗放经营向集约经营转变，从传统工业向现代工业转变，已经初步形成了具有较强竞争实力的主体产业群。但是从工业结构来看，珠三角地区仍然以轻工业为主，这与长三角地区占据较大比重的汽车、石油化工工业明显不同。

（三）京津冀鲁地区

京津冀鲁地区是环渤海地区的经济核心区，包括北京、天津、河北和山东四省市，土地面积 37.9 万平方公里，占全国的 3.95%。2011 年年底，全区总人口 20252 万人，占全国总人口的 15.0%；全区 GDP 达到 97436.82 亿元，占全国 GDP 的 20.6%，在 GDP 构成中，第一产业占 7.39%，第二产业占 48.02%，第三产业占 44.59%。

该地区工业结构具有如下特征：

第一，重工业占据主导地位，轻重工业结构失衡现象得到纠正。从工业内部结构来看，该地区整体工业发展与我国的工业发展历程一致，大体经历了以下三个阶段：第一阶段是改革开放以前，实施优先发展重工业战略，使生产要素过度向重工业倾斜，忽视了轻重工业协调发展，导致轻重工业结构失衡，经济发展动力不足；第二阶段是 20 世纪 80 年代，轻纺工业由于资金、能源和原材料供给充足而得到了优先发展，重工业发展明显脱节；第三阶段是 20 世纪 90 年代，工业结构向高加工方向发展，重工业成为拉动经济增长的重要因素。表 3-9 反映了第三阶段京津冀鲁地区轻重工业的结构变化。

表 3-9　　　　1990—1998 年京津冀鲁地区轻重工业结构变化　　　　单位:%

轻重工业结构	北京	天津	河北	山东
重工业	10.1	0.6	7.4	2.6
采掘工业	0.3	0.8	1.6	-0.2
原料工业	-3.6	-6.6	8.0	-0.5
加工工业	13.5	6.4	-2.2	3.4
轻工业	-10.1	-0.6	-7.4	-2.6
以农产品为原料	-6.4	-0.5	-6.3	-6.9
以非农产品为原料	-3.7	-0.1	-1.1	4.3

资料来源：马子红：《中国区际产业转移与地方政府的政策选择》，人民出版社 2009 年版。

从表 3-9 中可以看出，这一阶段四省市重工业增长较快，北京和河北分别增加了 10.1 个和 7.4 个百分点，山东和天津也有不同程度的上升，反映了 20 世纪 90 年代重工业在地区经济发展中的拉动作用。

第二，合理分工，优势互补。京津冀鲁地区由于地域的不可分割性，从自然资源禀赋角度来看，要素和产业方面互补性较强，各省市通过发挥比较优势，合理分工，都形成了各自的优势产业。北京的比较优势主要集中在电子、通信、生物制药、专用设备制造业和光机电一体化等产业，天津的优势产业是石油和天然气开采业、纺织业及化学制品制造业、交通运输设备制造业等，而河北则主要发展建材、冶金等主导产业。

（四）东北老工业基地

东北老工业基地曾经是新中国工业的摇篮，为建成独立、完整的工业体系和国民经济体系，为国家改革开放和现代化建设做出了重大贡献。目前，东北原油产量占全国的 2/5，木材产量占全国的 1/2，汽车产量占全国的 1/4，造船产量占全国的 1/3。20 世纪 90 年代以来，由于体制性和结构性矛盾日趋凸显，东北老工业基地企业设备和技术老化，竞争力下降，就业矛盾突出，资源型城市主导产业衰退，经济发展步伐相对比较缓慢，与沿海发达地区的差距逐步扩大。改革开放初期，辽宁省 GDP 是广东的 2 倍，而现在广东是辽宁的 2 倍；1980 年黑龙江 GDP 与东部 6 省市的平均值相当，现在仅为其 46.2%，人均 GDP 是上海的 1/4。

2003 年 10 月，中共中央、国务院发布了《关于实施东北地区等老工业基地振兴战略的若干意见》，明确提出了实施振兴战略的指导思想、方针任务和政策措施。实施东北地区老工业基地振兴战略以来，东北地区经济社会发展速度加快，改革开放以来被拉大的发展差距逐年缩小，赶上了全国的平均增速。2008 年，东北三省地区生产总值增长率（按地区统计后折算的增长率）为 13.4%，超过全国平均水平 1.7%，这一增长率在四大板块中名列第一。以"十一五"规划实施以来的三年计算，东三省经济增速为 13.7%，高于全国 0.5 个百分点，也高于东部、中部和西部地区 0.5 个、0.5 个和 0.3 个百分点，是改革开放以来增长最快的时期。

经过多年的重工业化发展，东北老工业基地产业发展呈现出了以下特征：第一，传统资源型产业比重过高，资源面临枯竭。经过多年的开采和粗放使用，导致煤炭、石油、黑色金属等资源储量急剧减少，原材料工业陷入困境。第二，工业竞争力下降。主要表现在两个方面：一方面，传统资源型工业正在丧失比较优势；另一方面，传统优势产业的产业市场日渐萎缩。在许多行业面临生产相对过剩和结构性需求障碍的形势下，东北地区并不具备高竞争力的产品，以前的一些优势产品也逐渐失去市场。第三，工业结构比例失衡。体现在重工业过重，轻工业过轻。表3-10反映了20世纪50年代开始东北老工业基地的轻重工业比重和霍夫曼系数。

表3-10　　　　　　　东北老工业基地轻重工业比重情况

年份	重工业（%）	轻工业（%）	霍夫曼系数
1952	64.1	36.9	0.56
1957	71.5	28.5	0.40
1965	64.6	33.4	0.52
1970	72.1	27.3	0.38
1978	71.6	29.4	0.41
1985	65.8	34.2	0.52
1990	65.2	34.8	0.53
1995	64.3	35.7	0.56
2000	64.1	35.9	0.56
2003	74.5	25.5	0.34
2006	77.3	22.7	0.29

资料来源：马子红：《中国区际产业转移与地方政府的政策选择》，人民出版社2009年版。

（五）"十二五"时期产业转移的新趋势

"十二五"时期，在劳动力成本逐年上升、生产邻近消费市场以及政策促进的合力作用下，中国区际产业转移也将呈现出新的趋势，这种趋势可以总结成：向区域外围拓展、沿江沿交通轴线转移、由中心城市向外转移。①

趋势一：区域转移：由三角区域向泛三角区域转移

由于生产要素成本和环境成本日益增加，长三角地区、珠三角地区和环渤海地区的产业转移速度逐渐加快，产业转移方向呈现出由三角区域向泛三角区域进行转移。

———————————

① 路红艳：《"十二五"时期我国产业转移趋势及特点》，《中国经贸导刊》2011年第10期。

其中，长三角地区的产业转移主要向苏北、江西和安徽这些要素成本相对较低的泛长三角地区转移。珠三角地区主要向粤北和东西两翼的沿海带进行转移。环渤海地区产业转移主要偏向河北省，通过进一步地扩展，辐射到内蒙古、山西、辽宁等中西部省份。

趋势二：沿江沿交通轴线转移

沿江和沿交通轴线的转移趋势充分体现了交通基础设施在产业转移过程的重要性。沿交通轴线的产业转移可以形成以产业链和产业集聚区为基础的产业分工和布局。而沿江的产业转移可以充分利用长江黄金水道运量大、成本低的优势，加快推动长三角地区产业发展，从而带动周边地区发展。

趋势三：中心城市向外转移

"十二五"期间，城镇化速度加快，中心城市扩散效应逐步显现，促使资本、人才、技术等生产要素向周边地区扩散和转移。同时，中小城市的集聚效应也开始发挥，吸引了大量的农业人口和农村非农产业向中小城市转移，从而形成中小城镇产业集群。

三　区际产业转移"瓶颈"及求解

通过对中国现阶段区际产业转移现状和趋势的分析，可以看出大范围的区际转移目前仍然没有发生。原本我们设想的情况是：中西部地区利用自己丰富的资源优势能够吸引东部地区大量劳动密集型、资源密集型企业，从而达到自身产业结构优化和升级；而东部地区正好利用这一机会，将自己不再具有优势的产业转出，利用基础设施、人力资本等优势，促进产业升级。可是现实的情况是，这样一种比较优势所带来的红利并没有出现在现今的区际产业转移中。究其原因，和东中西部地区各自目前在经济发展和产业转移过程中存在的"瓶颈"和约束条件是分不开的，如何解决这一问题也就显得尤为重要。在本书后面章节的实证分析中，也再次证实了东部和中西部地区发展过程中所出现的"瓶颈"已经严重影响到区际产业转移的实施，使产业转移目前处于黏性状态，不能像理论预期的那样顺利地在区际间实施。本章通过对发展"瓶颈"的分析，试图为当前产业转移黏性状态提供一种有效的解决方法。

（一）东部地区产业转移中的"瓶颈"及求解

目前，制约东部地区顺利实现产业转移的主要问题是资源约束、产业集聚的负效应和企业自主创新能力薄弱。

1. 资源约束

由于我国经济发展与资源分布呈现典型的二元结构特征，东部地区发展水平很高，但是长期以来资源匮乏一直是制约东部地区产业升级的重要因素。在工业化发展的背景下，为了发展资源性产业，必须通过市场交易来满足该地区对资源的需求。根据资源的特点，有些资源可以在区际转移，如矿产、人力资本等，但有些资源是不能够转移的，比如土地资源。因此，资源分布和经济发展的二元特征很大程度上决定了地区产业布局和企业选址。

土地资源在东部地区尤其是沿海城市，已经成为制约当地经济发展和工业发展的重要因素。表 3 - 11 列出了 2011 年全国各地区的房屋平均销售价格。

表 3 - 11　　　　　中国各地区房地产价格（2011 年）　　　单位：元/平方米

	省份	房屋平均销售价格
东部地区	北京	16852
	天津	8745
	河北	3983
	上海	14603
	江苏	6554
	浙江	9838
	福建	7764
	山东	4448
	广东	7879
	海南	8943
	平均值	8961
中部地区	山西	3433
	安徽	4776
	江西	4148
	河南	3501
	湖北	4486
	湖南	3790
	平均值	4022

续表

	省份	房屋平均销售价格
西部地区	内蒙古	3783
	广西	3772
	重庆	4734
	四川	4918
	贵州	3889
	云南	3635
	西藏	3475
	陕西	4949
	甘肃	3318
	青海	3248
	宁夏	3732
	新疆	3549
	平均值	3917
东北地区	辽宁	4733
	吉林	4364
	黑龙江	3966
	平均值	4354
全国平均值		5313

资料来源：国泰安数据库。

　　东部地区的房屋平均销售价格为 8961 元/平方米，这一数值远远高于中部地区 4022 元/平方米、西部地区 3917 元/平方米、东北地区的 4354 元/平方米以及全国平均值 5313 元/平方米。东部地区的高房价导致了传统产业生产成本逐年攀升，企业将会选择要素价格低的地区进行生产，这在一定程度上推动了传统产业的转移。高居不下的土地价格给东部地区提出了挑战，即能否形成一个土地利用效率更高的产业发展模式？

　　除了土地资源外，劳动力资源也是不容忽视的因素之一。我国最初承接国际产业转移时，利用的就是劳动力资源优势。在现今产业发展中，劳动力资源仍然是一大优势，同时劳动力资源还具备流动性强的特征。在产业区位决策和企业选址中，劳动力成本起着至关重要的作用。

表 3 – 12　　　　　　中国各地区平均工资水平及排序（2011 年）　　　　单位：元

排序	地区	职工平均货币工资	排序	地区	职工平均货币工资
1	上海	75591	17	陕西	38143
2	北京	75482	18	山东	37618
3	天津	55658	19	四川	37330
4	西藏	49464	20	海南	36244
5	江苏	45487	21	湖北	36128
6	浙江	45162	22	贵州	36102
7	广东	45060	23	河北	35309
8	宁夏	42703	24	湖南	34586
9	青海	41370	25	云南	34004
10	内蒙古	41118	26	河南	33634
11	重庆	39430	27	吉林	33610
12	安徽	39352	28	江西	33239
13	山西	39230	29	广西	33032
14	福建	38588	30	甘肃	32092
15	新疆	38238	31	黑龙江	31302
16	辽宁	38154			

资料来源：国泰安数据库。

由表 3 – 12 可知，我国东部地区的工资水平明显高于中西部地区，但是西藏、青海、内蒙古和新疆等少数民族聚居区的工资水平与东部地区相当，这主要是由于国家特殊政策和该地区工作条件所决定，并不反映这一地区的真实劳动力供求状况。排名靠后的省份，如河南、吉林、江西、黑龙江等，主要由于人口众多尤其是农业人口多，导致平均工资水平较低。这说明这些中西部省份在承接产业转移中具有较大的劳动力资源比较优势，进一步凸显了东部沿海地区和中西部欠发达省份之间存在着明显的梯度差，这也为区际产业转移的发生提供了必要条件。

从长期来看，随着计划生育政策的继续实施，人口老龄化社会提前到来，人口红利消失，全国性的劳动短缺也在所难免。东部现有的劳动密集型产业发展模式将会受到很大的影响，劳动力资源"瓶颈"的存在为东部地区的发展提出了问题，东部地区还能继续长期走劳动密集型产业发展的道路吗？

2. 产业集聚的负效应

东部地区过度的产业集聚造成的资源、消费品紧张状况日趋严重，一个重要的表现是消费品价格暴涨。

表 3 – 13 反映了十年间全国各地区居民消费情况。东部地区的居民消费水平和消费价格指数呈逐年上升趋势，列前三位的分别是上海市、北京市和天津市。2001 年全国平均居民消费水平为 3606 元，东部地区平均居民消费水平为 5580 元，高于全国水平 35.4 个百分点；2005 年全国平均值为 5783 元，同期东部平均值为 9055 元，高于全国 36.1 个百分点；2008 年全国平均值上升到 8689 元，同期东部平均值为 13404 元，高于全国 35.2 个百分点；到 2011 年，全国居民消费水平达到了 12789 元，而东部地区为 18923 元，高出全国 47.9 个百分点。

这说明，经济过度集中于东部地区，会对资源、消费造成浪费，同时还会导致环境污染、交通拥堵和犯罪率升高等负外部性问题的出现。这些问题都限制了企业的生存和发展，不利于企业进行创新。此时，企业就会选择到区外寻求新的生产区位，降低生产成本。但是负外部性的存在会导致企业"搭便车"行为，从而在一定程度上阻碍企业迁移。

3. 企业自主创新能力薄弱

产业转移的主体是企业，因此企业行为在产业转移过程中占主导地位。东部沿海地区企业与我国中西部地区企业相比，拥有较强的自主创新能力，但是在全球产业转移中仍然处在低梯度地区，它们依赖发达国家企业创新的扩散效应，通过技术转移或设立分公司来运营，主动创新能力较弱。我国企业自主创新能力薄弱的主要原因有以下几个方面：第一，自主创新所带来的效益并不明显高于引进技术，因此企业不愿花费大量人力财力从事研发活动；第二，知识产权缺乏保护，企业取得的创新成果由于制度缺陷，很容易被轻易获得，加之盗版横行，打击了企业的自主创新信心；第三，政府对自主创新提供的政策导向并不十分明确，在政府采购方面没有给予自主创新产品优先权，导致自主创新产品的产业化过程较为缓慢。

基于以上原因，东部地区企业自主创新能力薄弱，从而东部地区企业更不愿意放弃传统产业，加之东部地区的投资环境优良，大量跨国公司在中国的投资地点均设在东部地区，这使得东部地区企业更加依赖跨国公司的技术，只能生产附加值较低的产品，自主创新能力进一步被削弱。

表 3-13　　　　　　　　　中国各地区居民消费情况

	全国居民消费水平（单位：元）				居民消费价格指数（上年=100）				
	2001 年	2005 年	2008 年	2011 年	2001 年	2005 年	2008 年	2010 年	2011 年
北京	8197	14835	20346	27760	103.10	101.45	105.06	102.40	105.64
天津	6802	9484	14000	20624	101.20	101.55	105.40	103.55	104.85
河北	2785	4311	6570	9551	100.50	101.80	106.20	103.07	105.70
山西	2232	4172	6187	9746	99.80	102.30	107.19	103.02	105.21
内蒙古	2806	4620	8108	13264	100.60	102.44	105.74	103.20	105.58
辽宁	4789	6449	9625	15635	100.00	101.36	104.64	103.04	105.17
吉林	3651	5135	7591	10811	101.30	101.50	105.11	103.70	105.25
黑龙江	4029	4822	7039	10634	100.80	101.18	105.56	103.90	105.83
上海	12562	18396	27343	35439	100.00	100.96	105.78	103.11	105.18
江苏	4332	7163	11013	17166	100.00	102.11	105.36	103.81	105.33
浙江	4772	9701	13893	21346	99.80	101.32	105.03	103.84	105.38
安徽	2739	3888	6377	10055	100.50	101.35	106.17	103.14	105.56
福建	4611	6793	10361	14958	98.70	102.22	104.55	103.22	105.26
江西	2500	3821	5753	9523	99.50	101.72	106.05	103.04	105.25
山东	3751	5899	9573	13565	101.80	101.68	105.29	102.93	105.02
河南	2385	4092	5877	9171	100.70	102.08	107.03	103.53	105.63
湖北	3183	4883	7406	10873	100.30	102.90	106.27	102.91	105.76
湖南	2845	4894	7145	10547	99.10	102.32	106.02	103.11	105.53
广东	5038	9821	14390	19578	99.30	102.25	105.60	103.12	105.32
广西	5038	3928	6103	9181	100.60	102.44	107.78	102.98	105.90
海南	2961	4145	6550	9238	98.50	101.46	106.93	104.84	106.07
重庆	2642	4782	9835	11832	101.70	100.76	105.57	103.25	105.30
四川	2466	4130	6072	9903	102.10	101.66	105.07	103.18	105.34
贵州	1631	3140	4426	7389	101.80	101.01	107.59	102.92	105.15
云南	2192	3749	4553	8278	99.10	101.43	105.70	103.73	104.86
西藏	1939	3019	3504	4730	100.10	101.47	105.72	102.20	104.99
陕西	2150	3594	6290	10053	101.00	101.17	106.36	103.97	105.70
甘肃	1839	3453	4869	7493	104.00	101.75	108.21	104.10	105.87
青海	2443	3888	5830	8744	102.60	100.76	110.09	105.35	106.14
宁夏	2384	4413	7193	10492	101.60	101.50	108.40	104.07	106.34
新疆	2882	3874	5542	8895	104.00	100.73	108.06	104.33	105.95

资料来源：国泰安数据库。

4. "瓶颈" 的求解

在国内经济一体化的背景下，东部地区如何破解上述"瓶颈"，推动部分不具有比较优势的产业向中西部转移，是东部地区应对发展"瓶颈"的必需出路，同时也是实现区域均衡发展的必然要求。

推动东部地区的产业转移可以缓和资源紧张的状况，将东部有限的资源应用在效益更好、效率更高的产业发展上。20 世纪八九十年代，长三角和珠三角地区承接了大量来自国外的资源密集型产业转移，这些产业对当地经济发展起到了毋庸置疑的作用。然而随着资源紧张，生产成本上升，东部有必要将部分资源密集型企业转移到中西部地区的资源产业，这样不仅有利于企业自身发展，更有利于东部地区在紧缺资源上的分配。

推动东部产业转移在很大程度上可以改善东部地区的环境状况。一个地区的环境污染程度不仅取决于单个企业的排污质量，更取决于整个地区污染企业的数量和集中程度。如果该地区同类污染企业数量过多和过于集中，就会产生区域性环境污染。目前，东部地区环境发展已经达到"瓶颈"状态，如果不将一部分污染企业转移出去，降低污染企业的集中度，减少污染企业数量，那么东部地区的环境承载能力将会达到极限。因此，东部地区污染型企业急需找到新的转移路径。但是我们并不认同污染转移，中西部地区在承接污染企业的转移时，一方面要考虑地区经济发展有选择地承接，另一方面也要考虑区域环境承载力，实现污染企业布局分散化。

推动东部地区产业转移可以进一步优化东部地区产业结构，改善东部地区企业的自主创新能力。东部地区将传统产业转移到中西部地区后，产业布局更为合理，企业可以利用现有的产业基础和自身地缘优势，更多地参与国际竞争，提高企业自主创新能力，促进本地区产业结构升级。

（二）中西部地区产业转移中的"瓶颈"及求解

自实施西部大开发和中部崛起战略以来，中西部地区加快了承接产业转移的步伐，但是与政策实施初期人们的期望值相比，目前中西部地区承接东部产业转移的规模仍十分有限，我们最初所希望看到的大规模的产业转移并没有发生。前文分析了东部地区在产业转出过程中所遭遇的发展"瓶颈"，从"推力"的角度找出了存在的问题，下面将从"拉力"角度分析产业转移的规模不足体现在哪些方面。

1. 中西部基础设施与制度环境的发展不足

我们选取公路密度来衡量地区基础设施发展完备程度，计算方法采用公路里程/地区面积。表3-14反映了中国各地区2011年公路里程数和计算后的公路密度。

表3-14 中国各地区公路密度（2011年）

单位：公里、万平方公里、公里/万平方公里

地区	省份	公路里程	地区	省份	公路里程
中部地区	山西	134808	东部地区	北京	21347
	安徽	149535		天津	15163
	江西	146632		河北	156965
	河南	247587		上海	12084
	湖北	212747		江苏	152247
	湖南	232190		浙江	111776
西部地区	内蒙古	160995		福建	92322
	广西	104889		山东	233190
	重庆	118562		广东	190724
	四川	283268		海南	22916
	贵州	157820		总里程数	985818
	云南	214524		总面积	91.6
	西藏	63108	东部地区公路密度		10762.2
	陕西	151986	东北地区	辽宁	104026
	甘肃	123696		吉林	91754
	青海	64280		黑龙江	155592
	宁夏	24506		总里程数	351372
	新疆	155150		总面积	78.8
中西部地区总里程数		2746283	东北地区公路密度		4459.04
中西部地区总面积		789.5			
中西部公路密度		3478.51			

资料来源：《中国统计年鉴（2012）》。

东部地区2011年每万平方公里的公路里程数为10762.2公里，而中西部地区仅有3478.51公里，相当于东部的32%。我国现有的高速公路和一级公路都高度集中在东部地区，2011年东部地区高速公路占全国的32.86%，一级公路占全国的60.72%。反观中西部地区，不仅路网等级低，而且通达深度比较差，西部地区等外路占公路总里程的23.98%，二

级以上公路仅占 7.89%，远低于东部地区及全国平均水平。① 从以上统计数据可以看出，中西部地区的基础设施与东部存在较大差距，这在很大程度上制约了产业从东部移出。

在制度环境方面，中西部地区较东部地区的差距也是十分明显。主要表现在以下几个方面：一是要素市场的制度环境差异。要素市场尤其是资本市场一般都会将股票市场和上市公司选择在东部地区。二是企业制度创新的差异。东部地区的企业创新能力远高于西部地区。三是对外开放制度安排的差异。改革开放的试点都是从东部开始，东部地区享有很多优惠政策和特殊的制度安排。四是财税制度的差异性。国家的财税制度总体上是有利于东部地区的，东部地区在这一制度安排下较中西部地区获利更多。以上制度安排差异导致了中西部地区在制度环境方面受到的约束更多，从而阻碍了东部地区的产业转移。

同制度因素相配套的非制度因素如文化、居民观念、习俗等，中西部地区较东部地区的差距仍然很大。中西部地区整体的文化氛围偏于保守和封闭，在这样的氛围中，市场竞争和人才竞争受到很大程度的干预，导致生产要素效率的低下，无形中提高了产业转移的成本。

2. 民营经济成为东部产业转移的主力军，但数量仍然有限

自西部大开发和中原崛起政策实施以来，中央政府在中西部地区的投资逐年增加。西部大开发前五年，中央累计投入西部的财政性建设资金达到 4600 亿元，财政性转移支付和专项补助累计达到 5000 亿元。中央政府的投入带动了社会投入，西部地区全社会固定资产投资年均增长达到20%，中部地区全社会固定资产投资年均增加值也在 20% 以上。但是，中西部地区的发展，在内生投资不足的情况下，仅仅依靠中央政府投资是远远不够的，还需要大量民间资本不断进入，才能够促进中西部地区产业发展。自 2000 年起，民营企业逐渐成为东部产业向中西部地区转移的主力军。"2005 年，东部地区已有 1 万多家企业到西部地区投资创业，投资总规模超过 3000 亿人民币。"② 但是如果平均到西部的每一个地区，这样的投资规模还不够大。而且与中央政府对中西部地区的投资相比，东部企业的投资额要远低于中央政府的投资。

---

① 相关数据根据《中国统计年鉴（2012）》计算整理得到。

② 《我国东部地区已有上万家企业到西部地区投资创业》，http：//www. gov. cn/jrzg/2006 – 12/20/cont – ent_ 474122. htm。

　　表3-15反映了2011年中西部地区的固定资产投资额来源情况。我们将集体经济固定资产投资、私营个体经济固定资产投资、联营经济固定资产投资和股份制经济固定资产投资都看作是民营经济固定资产投资。除西藏、甘肃和青海外，其他中西部地区的民营经济固定资产投资占该地区全社会固定资产投资的比重都达到了50%以上。但是我们也要明确国家投资只是诱导性投资，投资的领域主要是公共产品领域，民间投资才是主要投资。从上述数据来看，虽然民营企业已经逐渐成为中西部地区产业发展的生力军，但是东部地区对中西部地区的投资额相比中央政府的投入来讲，还远远不够。

表3-15　　　　　　　　中西部地区固定资产投资额（2011年）　　　　　单位：亿元

地区	省份	固定资产投资总额	国有经济固定资产投资	集体经济固定资产投资	私营个体经济固定资产投资	联营经济固定资产投资	股份制经济固定资产投资	国有经济/固定资产总额	民营经济/固定资产总额
中部地区	山西	7073.06	2780.75	333.39	1129.61	36.87	2531.46	0.39	0.57
	安徽	12455.69	2635.38	255.55	4328.96	31.77	4327.35	0.21	0.72
	江西	9087.60	1907.49	96.21	3240.89	27.00	3150.35	0.21	0.72
	河南	17768.95	2696.24	888.64	5708.08	74.57	6479.00	0.15	0.74
	湖北	12557.34	3315.17	517.79	3272.37	46.43	4223.33	0.26	0.64
	湖南	11880.92	3268.56	257.43	3391.54	39.41	3924.29	0.28	0.64
西部地区	内蒙古	10365.17	3448.25	109.24	1625.29	9.25	4760.07	0.33	0.63
	广西	7990.66	2120.46	112.17	2347.46	26.67	2733.26	0.27	0.65
	重庆	7473.38	2619.54	63.60	1769.23	41.96	2306.90	0.35	0.56
	四川	14222.22	4622.32	89.00	2637.41	56.99	5791.16	0.33	0.60
	贵州	4235.92	1732.98	17.27	794.42	9.21	1526.10	0.41	0.55
	云南	6191.00	2376.80	74.33	1486.75	7.79	2032.37	0.38	0.58
	西藏	516.31	378.82	4.59	52.10	1.10	31.78	0.73	0.17
	陕西	9431.08	3902.13	389.99	1444.92	38.14	3152.58	0.41	0.53
	甘肃	3965.79	1991.31	88.90	571.99	8.14	1165.73	0.50	0.46
	青海	1435.58	660.33	13.43	196.02	1.35	489.26	0.46	0.49
	宁夏	1644.74	566.66	2.29	503.62	0.64	538.38	0.34	0.64
	新疆	4632.14	1633.78	7.67	808.23	8.93	2030.00	0.35	0.62

　　资料来源：国泰安数据库。

3. "西部输出资源、东部加工制造"的垂直分工格局没有得到根本改变

我国是一个资源短缺，而且分布不均衡的国家。西部地区是能源、矿产资源的富集区。在产业转移活动中，西部地区一直扮演输出资源的角色，它所承接的产业很大一部分是资源密集型产业，优势产业主要有能源、矿业、化工、机械、特色农业和中药材加工等。西部大开发以来，国家在西部建设了一批标志性工程如西气东输、西电东送等。这些项目的共同特点是"西部输出资源、东部加工制造"。能源是西部地区产业发展的比较优势，虽然西部输出能源和资源带来了效益，促进了经济发展，但是开发出来的资源主要输往东部地区进行再加工，在这样的分工格局下，西部地区明显处于劣势地位。长此以往，西部地区的加工制造业将失去竞争力，工业化水平停滞不前，产业不能够得到持续发展。

4. 产业转移的副产品——环境污染

前文分析东部地区发展"瓶颈"时，提到了环境污染问题。由于东部地区的劳动力成本较高和政府对环境污染的管制，使东部地区污染型企业急需找到出路，要么选择支付较高的排污费，要么将企业转移到其他地区。这时，中西部地区由于劳动力成本低，政府对污染的控制不严等优势，成了污染企业的首选迁移地。这对于中西部地区政府来讲将是一个极大的挑战，是要 GDP 还是要环境保护，能不能在不破坏当地环境承载力的同时，又能够通过承接产业转移发展地区经济？这将是中西部地区需要解决的问题。

5. "瓶颈"的求解

对于欠发达地区而言，区域投资环境是吸引外资和国内发达地区投资的必要条件。在投资环境改善方面，首先需要改善的是硬环境。基础设施供给不足是造成中西部地区引资难的重要原因。欠发达地区政府应当增加基础设施供给，做到生活设施配套化，道路便捷化，市场就近化。

从沿海地区的产业发展来看，产业集群是承接产业转移的重要平台。中西部地区的产业集群发展是弱项，要想承接发达地区产业转移，就必须培育自己的产业集群。通过确定集群方向，有针对地进行硬件投入，培育龙头企业，带动整个区域集群企业的发展。

由于东西部地区之间的比较优势不同，从而使产业转移成为可能。在产业转移的过程中，中西部地区应该充分发挥资源优势，推动资源优势向产业优势转变。在对自然资源的利用上，要尽快摆脱卖资源的传统方式，

充分利用资源实现可持续发展。中西部地区可以将东部沿海地区的资源加工型产业吸引到资源供给地生产，实现产业对接。这样既可以避免资源浪费，降低交易成本，也可以让中西部地区的资源优势转化为产业优势。

第三节 本章小结

本章从中国区际产业转移的历史和现状入手，首先分析了中国区际产业转移的历史沿革。从"区际"这一概念的提出和范围界定开始，对中国区际产业转移政策的沿革做了描述，将区际产业转移政策的制定和实施分成三个阶段：第一阶段：1949年以前，抗战时期的区际产业转移。这一时期产业转移政策的特点是由于抗战爆发，产业转移被迫发生，并非企业自身的经营需要。第二阶段：1949—1978年，计划经济体制下的区际产业转移。这一阶段产业转移的特点：其一，政治因素决定了产业转移；其二，国家是产业转移的行为主体，企业和个人仅仅是这项行为的参与者；其三，产业转移的外在环境从对社会主义国家有限开放到对所有国家完全封闭。第三阶段：1979—2001年，中国加入WTO前，计划经济向市场经济转轨时期的产业转移。这次产业转移的特点是：产业转移以承接为主，外移不足；产业转移的重点行业是制造业；产业转移政策制定时重视地区优先发展而非协调发展。通过对区际产业转移的历史沿革分析，为后续我们进行产业转移现状分析积累了背景基础，而对区际产业的阶段划分，使产业转移的发展过程更为清晰，通过几个重要的时间节点，使我们能够更为透彻地了解在整个产业转移过程中，计划、市场、企业和政府的不同作用。

其次，我们采用历年中国各地区的数据分析了目前区际产业转移的现状、发展趋势和亟待解决的问题。其一，从地区发展水平、产业区域分布和工业企业区域分布三个角度描述了当前中国区际产业转移的现状。其二，通过对长三角地区、珠三角地区、京津鲁冀地区和东北老工业基地的分析，结合"十二五"后区际产业转移出现的新趋势，展现了当前产业转移的发展脉络。

最后，本章根据东部沿海地区和中西部地区在产业转移中承担的角色不同，所起的作用不同，分别分析了两个地区当前在区际产业转移过程中存在的"瓶颈"。我们认为，目前困扰东部地区的主要问题在于资源约束、产业集聚的负效应和企业自主创新能力薄弱；而对于中西部地区而言，基础设施与制度环境的发展不足、民营经济数量有限以及"西部输出资源、东部加工制造"的垂直分工格局没有得到根本改变，是制约中西部地区承接产业转移，实现经济快速发展的"瓶颈"。在本书后面章节的实证分析中，也再次证实了东部和中西部地区发展过程中所出现的问题已经严重影响到区际产业转移的实施，使产业转移目前处于黏性状态，不能像理论预期的那样顺利地在区际间实施。本章通过对发展"瓶颈"的分析，试图为当前产业转移黏性状态提供一种有效的解决方法。

第四章　中国区际产业转移的微观基础：企业迁移

第三章通过对中国区际产业转移的历史沿革、现状和发展趋势的分析，从宏观上梳理了区际产业转移的发展脉络。本章将从微观视角入手，考察产业转移主体——企业的迁移行为。

企业地理位置的变动影响地区经济活动，企业迁移分析对地区制定区域政策具有指导作用（Brouwer et al.，2004）。企业跨区域迁移能够带动生产要素大量流动配置，推动不同区域生产要素自由流动，同时也推进了我国产业结构调整。在全球经济经历衰退和复苏的背景下，中国企业生产研发布局正在进行新一轮调整。一方面，东部沿海地区加工制造业企业将逐步向大城市郊区、中小城市甚至小城镇迁移；另一方面，自中国实施"走出去"战略以来，中国企业境外迁移不断加快，对外直接投资规模迅速扩大。企业迁移对于企业至关重要，成功的迁移可以使企业发展空间扩大，绩效加倍增长，而失败的迁移会给企业带来损失甚至倒闭的风险。

本章对影响企业迁移的因素进行分析，通过数理模型实证检验了中国制造业企业迁移的影响因素并得出结论。

第一节　中国企业迁移的决定因素

20 世纪末，国内开始出现浙江企业尤其是温州企业大量外迁现象。由于受到资源和空间的约束，浙江民营企业开始逐步将生产工厂迁入资源约束较少，土地相对便宜的地区。随着这一现象的出现，国内学者开始关注企业迁移问题。学者们分别从定性和定量角度分析了影响企业迁移的因素以及企业迁移对经济发展的影响。国内研究从 2003 年开始，主要以浙江等经济发达省份的企业为研究对象。后续研究中，研究人员陆续将视角转移到国内其他地区的企业迁移，而不仅局限在长三角和珠三角地区。根据第二章的文献综述我们发现，企业迁移受到企业性质、产业类型、区位特征和政府政策等多方面因素的影响。不同性质和行业的企业，迁移因素也大不相同，如民营企业与国有企业、大企业与中小企业、劳动密集型企业与高新技术企业，他们考虑的迁移成本和迁移动因是不同的。同时，对于处于产业链不同阶段的企业，它们的迁移决定受到的影响也各不相同。本书将已有文献的研究成果，结合企业的异质性，将中国企业迁移的决定因素总结为以下几个方面。

一　企业自身发展的选择

企业自身发展的选择，是企业迁移的内在动力。企业在成长壮大过程中，对空间范围的要求也是不断变化的。当企业处于规模较小阶段时，对空间范围的要求不高，多数采用在原址上进行扩张的方法。但是随着企业规模扩大，当原有空间已经不能够满足企业的日常需要时，企业迁移成为企业自身发展的首要选择。一般来讲，企业可以选择在国内其他区域建立分公司或者生产基地。通过这种投资扩张性迁移，企业一方面可以开拓新的投资机会，占领和扩大新市场；另一方面可以充分享受迁入地提供的优惠政策，为企业进一步发展创造机会。

二　来自迁入地资源的引力

企业之所以选择去新区域进行扩张，很重要的原因是受到了所在地的资源约束，如土地、能源、原材料和人力资本的缺乏，制约了企业发展。21世纪初期，长三角和珠三角的很多企业，面对产业大规模集聚所导致的工业用地不足、原材料劳动力供给紧张，能源和电力短缺，企业自身缺乏进一步的发展空间。这时，向周边地区和中西部地区迁移就成了企业突破限制的唯一办法。中西部丰富的土地、矿产、能源为沿海地区企业发展提供了极大的便利条件。学者研究发现，浙江外迁企业最关注的因素排名前三位的分别是土地资源、电力供应、原材料和能源供应。这说明，来自迁入地资源的引力成为企业迁移的重要决定因素之一。

三　生产成本逐年攀升带来的推力

成本问题是企业是否做出迁移决定的重要因素。地区间存在的成本差异是推动近年来沿海发达地区企业向中西部地区迁移的关键因素。21世纪以来，由于东部地区原材料和能源价格上涨，土地和劳动力成本不断上升，导致企业经营成本逐年提高。表4-1反映了2000—2011年全国重点区域房屋销售价格和职工工资水平，从表中可以看出，长三角地区和珠三角地区的房屋销售价格和职工工资水平都远高于中西部地区。2011年，长三角地区的房屋销售价格是中南地区的2.35倍，是西南地区的2.44倍，是西北地区的2.94倍。同时期，长三角地区工资水平是中南地区的1.51倍，是西南地区的1.55倍。成本攀升给沿海地区的劳动密集型企业带来了极大影响，这些企业要想生存和发展，降低成本是它们的首要选择，因此企业向中西部地区迁移变为可能。

表4-1　2000—2011年全国重点区域房屋销售价格和职工工资水平

地区	地域范围	2000年		2003年		2006年		2008年		2011年	
		房屋平均销售价格（元/平方米）	职工平均货币工资（元）	房屋平均销售价格（元/平方米）	职工平均货币工资（元）	房屋平均销售价格（元/平方米）	职工平均货币工资（元）	房屋平均销售价格（元/平方米）	职工平均货币工资（元）	房屋平均销售价格（元/平方米）	职工平均货币工资（元）
全国		1708	9237	1982	13866	2889	20399	3630	28444	5494	39827
长三角	江浙沪	2385	13969	3350	21461	5187	30930	6168	40793	10331	55413
京津冀	京津冀	2898	12203	2906	18383	5055	28463	7071	40944	9859	55483
珠三角	粤	3228	13823	3195	19986	4853	26186	5953	33110	7879	45060
中南地区	湘鄂赣皖渝	1184	7543	1448	11288	2157	17330	2635	24391	4387	36547
西南地区	川滇贵桂陕	1410	8095	1606	11952	2017	17672	2790	25054	4233	35722
西北地区	蒙晋甘宁青新藏	1235	9255	1579	14691	1913	21038	2448	29947	3505	40602
东北地区	辽吉黑	1741	8190	1888	11709	2426	17571	3032	24753	4354	34355

资料来源：根据国泰安数据库整理得到。

四 企业迁移集群效应不容忽视

企业在迁移过程中，投资区位的选择会受到其他企业区位选择的影响，因此某一个企业的迁移决策会产生集群效应，带动相关企业迁入。具体表现在三个方面：第一是示范效应。如果前期迁入企业获得成功，就会产生示范效应，其他企业会效仿这一企业进行迁移。第二是关联效应。如果迁入企业在行业中处于核心或关键作用，那么与之配套的上下游企业都有迁入动力。第三是群迁效应。企业为了规避风险，会选择"群居"模式，为了降低迁入风险和不确定性，相关企业会采取集体行动。

五　产业升级和环境压力迫使企业做出迁移决策

发达地区为了加快产业升级的步伐，政府会制定较为严格的准入制度，特别是对环境的要求，以此推动中低端产业特别是高污染产业向欠发达地区转移。自 20 世纪 60 年代开始，日本将 60% 以上的高污染产业转移到拉美和东南亚国家，美国也将 39% 以上的污染产业转移到其他国家。近年来，随着我国沿海地区发展速度加快，对产业转型升级要求也逐年提高。在产业升级的需要下，长三角和珠三角等地加大了产业结构调整力度，对"两高一低"企业采取了转移扩散的策略。欠发达地区为了本地区经济发展，不得不接受这些污染企业，使企业迁移变成了污染转移。

第二节　中国企业迁移实证分析：工业企业的经验证据

本节在已有文献的基础上，通过应用经典理论模型和对计量模型进行适当扩展，利用中国工业企业微观数据对企业迁移动因进行解释。我们试图回答如下问题：企业规模对迁移行为是否有显著影响？出口企业是否比内销企业更倾向于迁移到低成本地区？新企业是否会比老企业更容易退出？当地市场规模和基础设施水平又对企业迁移产生什么样的影响？

我们以 Nakosteen 和 Zimmer（1987）提供的理论模型为基础，构建了中国企业迁移计量模型，通过对企业规模、企业年龄、是否参与出口这些内部因素以及当地市场规模和基础设施水平等外部因素两方面的综合考察，为国内企业迁移决定提供经验证据。

一　理论分析与研究假设

（一）理论模型框架

企业迁移决定的理论模型由 Nakosteen 和 Zimmer（1987）提出，模型的基本逻辑是企业迁移行为由企业利润决定。假设企业的目标是利润最大化，单个企业在产品市场和要素市场都是价格的接受者。地区 j 的企业 i 的利润函数为：

$$E_{ij} = E(X_i, \ Z_j, \ \varepsilon_{ij})$$

X_i 代表观察的企业或市场特定要素；Z_j 代表观察的区位特定因素，ε_{ij} 代表企业迁移时未观察到的特定影响。企业区位要素假设随企业和产业的不同而服从随机分布。

假设企业会经常监控自己的利润与临界值之间的差异。当出现：

$$E_{ij}(X_i, \ Z_j, \ \varepsilon_{ij}) < E_k$$

按照经济学理论，从长期来看，如果价格不能弥补平均可变成本，那么企业将会停产或关闭。然而在现实经济中，企业可能会考虑选择迁移到低成本地区，从而使利润率再次提高到临界值 E_k 之上。企业是否迁移取决于两地之间成本利润的比较。

模型中将迁移看作资本投资项目，在时间 t，该投资项目带来的利润增加为：

$$PV_i(t) = \int_t^\infty (E'_{ij} - E_{ij})^{-rt} dt - C'_{ij}$$

j 代表竞争区位，r 代表股东贴现率，C_{ij}' 代表迁移成本的现值。企业决定是否迁移的前提是目标区位与现有区位间的盈利差额的贴现值要大于企业的迁移成本，即 $PV_i \ (t) \ > 0$。

（二）理论模型构建

假设 P_i 是企业 i 迁移的概率，X_i 是企业的特征变量，因此，P_i 可以写成如下函数形式

$$P_i = f(X_i, \ \Delta E_i) \tag{4-1}$$

其中，ΔE_i 表示企业由于迁移可能获得的目标净利润。由于企业迁移的目标就是为了获取利润，因此，企业迁移概率与净利润之间可以构建如下函数关系

$$\Delta E_i = g(Z_i, \ P_i) \tag{4-2}$$

联立方程（4-1）和方程（4-2），并进行简化处理，得到：

$$P_i = h(X_i, \ Z_i) \tag{4-3}$$

假设存在一个潜在的指数能够使得企业做出是否迁移的决策，令该指数为 α，根据 Nakosteen 和 Zimmer（1987）的处理，当这个指数大于 0 时，企业决定迁移；小于等于 0 时，企业不迁移。因此可以写出企业迁移

决策函数，令 MIG_i 为企业迁移决策，则：

$$MIG_i \begin{cases} =1, & \text{当且仅当 } \alpha > 0 \\ =0, & \text{当且仅当 } \alpha \leq 0 \end{cases}$$

假设迁移概率服从正态分布，进一步地，可以将企业迁移概率 P_i 写成关于迁移决策 MIG_i 的函数

$$P_i = F(MIG_i)$$

$F(\cdot)$ 表示服从标准正态分布函数。为了后续计量模型的设定，将企业迁移决策可以写成关于外生变量的简化线性表达式

$$MIG_i = \beta_i X_i + \varepsilon_{1i} \qquad (4-4)$$

其中，ε_{1i} 服从均值为 0，方差为 σ^2 的正态分布。

（三）计量模型设定与研究假设

根据理论模型，可以设定如下 Probit 模型：

$$P(MIG_i = 1) = \sqrt{2\pi}^{-1} \int_{-\infty}^{Z_i} e^{-s^2/2} ds \qquad (4-5)$$

其中，$Z_i = \gamma_1 \cdot SIZE + \gamma_2 \cdot EX + \gamma_3 \cdot AGE + \gamma_4 \cdot SALE + \gamma_5 \cdot INFRA + u_i$；$\gamma$ 为待估系数；因变量 MIG_i 为企业迁移决定，当企业发生迁移行为时，$MIG_i = 1$；未发生迁移行为，记为 0；$SIZE$ 代表企业规模，根据企业迁移行为理论，企业规模是影响企业迁移的重要因素之一。大企业更多地考虑迁移成本和由迁移所引致的企业组织架构等问题（Jouke van Dijk et al.，2000）；而对于小企业而言，迁移显得较为容易，这是因为：第一，小企业自身所面临的迁移成本较小；第二，他们对新环境的适应性较强，由于企业规模小，仅做一些微小的调整就可以适应迁入地环境；第三，小企业受二次发展（redevelopment）的影响较大；第四，小企业在调节扩张（accommodating expansion）方面更具弹性。因此，我们提出第一个假设：

假设 1：小企业具有较高的迁移倾向。

EX 表示企业出口行为。企业参与出口记为 1，不出口记为 0。这一变量主要考察企业出口行为对企业迁移决定的影响。由于出口企业具有较高的生产率（Melitz，2003），我们认为，出口企业为了降低成本，提高生产率，可能会选择生产成本较低的地区设厂，因此，企业是否参与出口影响企业迁移决定。在此基础上，提出第二个假设：

假设 2：出口企业具有较高的迁移倾向。

AGE 表示企业年龄。制度理论认为，"老"企业更容易被"嵌入"

(embedded) 现有的发展环境和社会网络（networks）中，他们由于长时间地处于同一个地区，因而更容易受到现有地区社会关系和硬件设施的外溢（Granovetter，1973；Putnam，1993）。因此，"新"企业具有较高迁移倾向。但是，"老"企业经过一段时间的发展后，沉没成本逐渐增加，收益不能弥补成本的增加时，会选择迁移来寻求更广阔的利润空间。另外，随着规模不断扩张，当现有环境已不能满足自身发展时，也会选择迁移。对于中间年龄的企业，相对"新"企业，具有更高的稳定性，相对"老"企业面临沉没成本不断上升的困境，中间企业还没有发展到"瓶颈"阶段，因此，中间年龄企业较为稳定，迁移倾向低。第三个假设条件设定为：

假设3："新"企业和"老"企业均具有较高的迁移倾向，相对处于中间年龄的企业较稳定。

SALE 代表市场规模。新古典理论强调市场规模对企业迁移的重要性。大规模市场对企业迁移是一个正向的引导，当一个企业服务较大的市场时，它的一部分就可以迁移，通过在异地设立分公司，而无须考虑作为迁移壁垒的沉没成本等因素（Cave and Porter，1976）。从而，第四个假设条件设定为：

假设4：服务于大市场的企业具有较高的迁移倾向。

INFRA 代表基础设施。企业所在地具有良好的基础设施是企业迁移的重要因素，Jouke van Dijk 等（2000）对荷兰企业迁移的实证研究中证实，基础设施是企业迁移的重要影响因素，当企业所在地拥有良好的基础设施时，企业迁移的可能性较低。因此，我们认为，基础设施对企业迁移具有反向作用。

假设5：拥有良好基础设施的企业具有较低的迁移倾向。

实证分析部分，我们将分别验证以上五个假设条件是否能够被接受。

二　研究设计

（一）样本与数据

本节所采用的数据是2008年中国工业企业样本，来自《中国工业企业数据库》，包括全部国有企业以及年销售收入在500万元以上的非国有企业。数据样本涵盖了B类、C类及D类的38类行业。为了检验的准确性，我们对数据样本作了如下处理：删除企业人数小于5人及1949年之前成立的企业样本；保留正常营业的企业样本；删除工业总产值低于500

万元、总资产低于100万元的企业以减少特异样本对结果的影响。经过筛选后，得到了491815个整体样本观察值。在进行分地区企业迁移行为描述时，我们将样本按照东部地区和中西部地区进行了划分，分别得到190139个和301712个观察值。由于考虑到数据库中企业迁移行为中迁出地和迁入地的具体情况以及迁移行为的特殊性，我们将东部地区的划分调整为北京、天津、上海、江苏、浙江、广东、福建七省市，其余省份划为中西部地区。

（二）变量说明

1. 被解释变量

MIG 描述企业迁移行为。在研究中，我们将样本中企业法人单位所在省份与企业目前所在省份不一致看作发生了迁移行为，法人单位与目前所在省份仍处同一省份但不在同一城市的企业，不认为该企业发生迁移，本书仅以省份的变化作为迁移的标准。这里需要说明的一点是，在具体的迁移行为分析中，由于数据样本提供信息所限，我们并没有进一步区分迁移形式，如总部迁移或设立分公司。企业发生迁移行为，MIG 数值取1，否则取0。

2. 解释变量

（1）企业规模。$SIZE$ 代表企业规模，已有文献中，学者分别采用员工数、工业总产值或资产总额来反映企业规模。本书考虑到解释变量之间可能存在的共线性影响，选取企业总资产作为代表企业规模的变量，并采用自然对数进行平稳性处理。由假设1我们可以预期企业规模对迁移行为具有反向作用，小企业具有较高的迁移倾向，因此该变量的预期符号为负。

（2）出口行为。EX 代表企业出口行为，用出口交货值描述，出口交货值大于零的样本，EX 取1，否则取0。根据假设2，该变量的符号预期为正。

（3）企业年龄。AGE 代表企业年龄。具体的处理上采用当年年份（2008年）减去企业开业年份得到企业年龄。根据假设3，较新和较老的企业均具有较高的迁移倾向，因此在分析中，我们加入 AGE 的平方项。

（4）市场规模。$SALE$ 代表企业市场规模，我们根据企业的隶属关系来反映该企业所服务的市场，我们认为，企业由于隶属关系的制约，级别相对较低的企业所服务的市场规模相对较小。企业隶属市级及以上行政级别，*SALE* 取值为 1，县乡及以下行政级别，取值为 0。根据假设 4，服务于大市场的企业具有较高的迁移倾向，因此该变量预期符号为正。

（5）基础设施。*INFRA* 代表基础设施水平。由于东部地区较中西部地区而言，基础设施较为发达，因此我们认为企业处在拥有良好基础设施的东部省份相比欠发达的中西部省份而言，迁移的可能性较低，因此该变量预期符号为负。在变量处理上，采用企业所在省份进行替代，东部省份取 1，中西部省份取 0。

3. 控制变量

研究中选择 31 个省份变量和 38 个行业变量作为控制变量，分别用 *PRO* 和 *IND* 表示。

变量说明及预期符号如表 4 - 2 所示。

表 4 - 2　　　　　　　　　　变量说明及预期符号

变量类别	变量名称	变量说明	预期符号
被解释变量	*MIG*	企业迁移行为（迁移 =1；否则 =0）	—
解释变量	*SIZE*	企业规模 = ln（企业总资产）	–
	EX	企业出口行为（出口交货值大于零 =1；否则 =0）	+
	AGE	企业年龄 =（2008 – 开业年份）	+ / –
	SALE	企业市场规模（市级及以上 =1；县乡及以下 =0）	+
	INFRA	基础设施（东部 =1；中西部 =0）	–
控制变量	*PRO*	省份虚拟	—
	IND	行业虚拟	—

（三）描述性统计

具体变量的描述性统计结果如表 4 - 3—表 4 - 5 所示。

表 4 - 3　　　　　　　　　　整体样本描述性统计

变量名称	观察值	均值	标准差	最小值	最大值
MIG	491815	0.6624	0.3971	0	1
SIZE	452483	9.8912	1.4185	0	18.9611

续表

变量名称	观察值	均值	标准差	最小值	最大值
EX	453210	0.2306	0.4212	0	1
AGE	453210	8.388	7.8683	1	56
SALE	453210	0.8034	0.2718	0	1
INFRA	453210	0.3865	0.4869	0	1

表4－4　　　　　　　　分地区样本描述性统计（东部）

变量名称	观察值	均值	标准差	最小值	最大值
MIG	190139	0.3624	0.5971	0	1
SIZE	189904	9.8976	1.4203	0	18.9611
EX	190198	0.2311	0.4215	0	1
AGE	190198	8.3971	7.6904	1	56
SALE	190198	0.0708	0.2565	0	1
AGE^2	190198	129.6525	329.0396	1	3136

表4－5　　　　　　　　分地区样本描述性统计（中西部）

变量名称	观察值	均值	标准差	最小值	最大值
MIG	301712	0.8224	0.2971	0	1
SIZE	301878	9.8871	1.4174	0	18.9611
EX	301878	0.2303	0.4211	0	1
AGE	301878	8.3823	7.9784	1	56
SALE	301878	0.076	0.2652	0	1
AGE^2	301878	133.9181	346.2457	1	3136

三　实证检验结果

（一）整体样本检验

表4－6展示了基于 Probit 模型的整体样本计量回归结果。采用式(4－5)进行估计。前述讨论已经提到企业规模与迁移行为的关系，计量结果显示，*SIZE* 系数显著为负，我们用企业雇员数也做了相应的检验，结果与使用企业总资产相同，因此可以验证假设1：小企业具有较高的迁移倾向。

企业参与出口对迁移行为的影响刚好与假设2相反。假设2认为，出口企业为了降低成本，提高生产率，可能会选择生产成本较低的地区设厂。从而认为出口企业具有较高的迁移倾向。然而现实情况可能是，出口企业对要素供给和要素价格的不敏感导致在迁移选择上的滞后。作为出口企业，订单相对较为稳定，出口附加值较高，要素价格的微小变动不足以令其做出迁移决定。因此，拒绝假设2，出口企业较内销企业而言，并不具有较高的迁移倾向。在今后研究中，可以尝试使用出口企业生产率来测度出口企业迁移行为，得到更为精确的结果。

企业年龄对迁移行为的影响在研究中存在争议，老企业由于已经适应了当地环境，而且考虑到迁移成本，因此迁移动机较新企业低（Jouke van Dijk et al.，2000；Brouwer et al.，2004；Pellenbarg，2005），然而本节认为，考虑企业年龄与迁移行为的关系时，存在两种可能性，第一种如前所述，新企业具有较高的迁移倾向；第二种作为老企业而言，是否在熟悉所在地环境后就没有改进的动力呢？从企业可持续发展的角度讲，当一家企业规模扩大，现有环境不适合企业发展时，当迁移收益大于成本时，是否考虑迁移呢？因此，在分析中，我们同时引入 AGE 和 AGE 的平方项，结果表明，两头企业较中间企业具有较高的迁移倾向，因此我们接受假设3：“新”企业和“老”企业均具有较高的迁移倾向，相对处于中间年龄的企业较稳定。

市场规模变量（$SALE$）系数反映企业服务于大市场和本地区市场对企业迁移行为的影响，结果显著为正，说明服务于大市场的企业具有较高的迁移倾向，验证了新古典理论市场规模对企业迁移的重要性，因此接受假设4。

基础设施对迁移行为有着重要的影响，计量结果显示拥有良好基础设施地区的企业迁移倾向较低。在分析时，由于我们认为东部地区较中西部地区而言，基础设施条件更好，因此根据分析结果可以看出，东部企业的迁移动机较低，单纯从基础设施角度考虑，东部企业不会做出迁移决定。接受假设5。然而如果考虑到要素价格等因素时，企业迁移行为可能会发生改变。目前已发生的企业迁移案例中，东部企业西迁的主要原因是西部地区的土地供给充足和要素价格低廉。

表 4-6 　　　　　　　　　整体样本计量结果

变量	(1)	(2)	(3)	(4)	(5)	(6)	(7)
$SIZE$	-0.0057***						-0.0098***
	(0.0025)						(0.0025)
EX		-0.0869***					-0.0969***
		(0.0079)					(0.0079)
AGE			0.0066***				0.0117***
			(0.0005)				(0.0012)
AGE^2				-0.0001***			-0.0001***
				(0.0001)			(0.000028)
$SALE$					0.2062***		0.1708***
					(0.0144)		(0.0149)
$INFRA$						-0.3011***	-0.3022***
						(0.0008)	(0.0069)
PRO	D	D	D	D	D	D	D
IND	D	D	D	D	D	D	D
C	1.8312***	1.9084***	1.8389***	1.8761***	1.7498***	1.8872***	1.7411***
	(0.0253)	(0.0053)	(0.0064)	(0.0051)	(0.0035)	(0.0049)	(0.0259)
N	452483	453210	453210	453210	453210	453210	452483
$Pseudo\ R^2$	0.1442	0.1517	0.1544	0.1429	0.1564	0.1468	0.1725

注：括号内数值为稳健标准误，*** 表示估计值在1%的水平上显著，D 表示对该变量进行了控制。

(二) 分地区样本检验

考虑到地区因素对企业迁移行为的影响，我们取消地区控制变量，分东部地区和中西部地区对企业迁移行为进行检验，结果见表 4-6 和表 4-7。在对分地区样本进行检验时，我们修正了式 (4-5)，在整体样本中，基础设施按照东部和中西部的差异，采用虚拟变量形式设定，分地区样本时，我们不再考虑基础设施水平的影响，在对模型进行检验后发现并没有出现遗漏重要变量的问题。修正后的分地区模型为：

$$Z_i = \gamma_1 \cdot SIZE + \gamma_2 \cdot EX + \gamma_3 \cdot AGE + \gamma_4 \cdot SALE + \gamma_5 \cdot AGE^2 + u_i \qquad (4-6)$$

考虑到企业年龄在研究中引起的争议，以及本书首次引入 AGE^2 分析新老企业的迁移倾向，在分地区检验时，我们分别报告了包含和不包含 AGE^2 的结果。不包含平方项的估计式为：

$$Z_i = \gamma_1 \cdot SIZE + \gamma_2 \cdot EX + \gamma_3 \cdot AGE + \gamma_4 \cdot SALE + u_i \qquad (4-7)$$

表 4-7 报告了东部地区企业迁移行为的影响因素，在控制了行业变

量后，我们得到了与整体样本相同的结果：企业规模与迁移行为呈反向关系，验证假设1；出口行为仍然与迁移决定负相关，说明在分地区检验后，我们仍然可以拒绝假设2，认为出口企业较内销企业而言，并不具有较高的迁移倾向。在没有引入企业年龄的平方项之前，企业年龄与迁移行为正相关，说明"老"企业具有较高的迁移倾向，在引入平方项后，我们发现，"新"企业也同样具有较高的迁移倾向，通过分地区的检验进一步验证了本节的结论，两头企业较中间企业的迁移倾向高。同样的，市场规模对迁移行为的影响与总体样本相同，服务大市场的企业迁移倾向高。通过对东部地区企业迁移决定的检验，我们发现，企业规模、企业年龄和市场规模仍然是企业迁移决策中最重要的影响因素。

表4-7 分地区样本计量结果（东部）

变量	（1）	（2）	（3）	（4）
SIZE	-0.0192***	-0.0190***		
	(0.0035)	(0.0035)		
EMPLOYEES			-0.0053***	-0.0057***
			(0.00093)	(0.00098)
EX	-0.1148***	-0.1153***	-0.1024***	-0.1031***
	(0.0114)	(0.0113)	(0.0109)	(0.0109)
AGE	0.0076***	0.0111***	0.0076***	0.0114***
	(0.0007)	(0.0016)	(0.0007)	(0.0016)
AGE^2		-0.0001**		-0.0001**
		(0.000039)		(0.000038)
SALE	0.1403***	0.1448***	0.1389***	0.1437***
	(0.0209)	(0.0211)	(0.0211)	(0.0212)
IND	D	D	D	D
C	1.3800***	1.3649***	1.5653***	1.5469***
	(0.0349)	(0.0354)	(0.0079)	(0.0105)
N	189845	189845	189845	189845
Pseudo R^2	0.1441	0.1842	0.1365	0.1637

注：括号内数值为稳健标准误，***、**分别表示估计值在1%、5%的水平上显著，D表示对该变量进行了控制。

接下来，我们分析了中西部的地区的企业迁移倾向，与东部地区和整体样本都不同的是，企业规模变量（$SIZE$）并不显著。因此采用企业雇员数（$EMPLOYEES$）作为替代变量，将式（4-6）和式（4-7）改写为：

$$Z_i = \gamma_1 \cdot EMPLOYEES + \gamma_2 \cdot EX + \gamma_3 \cdot AGE + \gamma_4 \cdot SALE + \gamma_5 \cdot AGE^2 + u_i$$

$$(4-8)$$

$$Z_i = \gamma_1 \cdot EMPLOYEES + \gamma_2 \cdot EX + \gamma_3 \cdot AGE + \gamma_4 \cdot SALE + u_i \qquad (4-9)$$

从表4-8中可以看出，在进行了企业规模变量的替换后，我们得到了与之前仍然相同的结论，企业规模与企业迁移行为负相关，验证假设1，小企业的迁移倾向较高。在表4-7中我们也将雇员数引入模型，该变量在5%的水平上显著且与$SIZE$变量符号相同。

表4-8　　　　　　　　分地区样本计量结果（中西部）

变量	(1)	(2)	(3)	(4)
$SIZE$	-0.0021	-0.0021		
	(0.0034)	(0.0034)		
$EMPLOYEES$			-0.0493 **	-0.0465 **
			(0.0042)	(0.0042)
EX	-0.0657 ***	-0.0662 ***	-0.0668 ***	-0.0673 ***
	(0.0109)	(0.0109)	(0.0108)	(0.0108)
AGE	0.0064 ***	0.0097 **	0.0065 ***	0.0099 ***
	(0.0007)	(0.0015)	(0.0007)	(0.0016)
AGE^2		-0.0003 **		-0.0009 **
		(0.000037)		(0.000037)
$SALE$	0.1553 ***	0.1596 ***	0.1575 ***	0.1617 ***
	(0.0206)	(0.0206)	(0.0206)	(0.0207)
IND	D	D	D	D
C	1.8886 ***	1.8743 ***	1.8687 ***	1.8525 ***
	(0.0346)	(0.0351)	(0.0076)	(0.0101)
N	301215	301215	301215	301215
$Pseudo\ R^2$	0.1529	0.1830	0.1429	0.1730

注：括号内数值为稳健标准误，***、** 分别表示估计值在1%、5%的水平上显著，D表示对该变量进行了控制。

四 实证分析结论及研究展望

本节分析了企业迁移的影响因素，采用工业企业微观数据，共包含 2008 年全部国有企业以及年销售收入在 500 万元以上的非国有企业。数据样本涵盖了 B 类、C 类及 D 类的 38 类行业。

与企业迁移行为理论研究相同，我们发现迁移倾向随着企业规模的扩大而降低，这一结果说明大企业在迁移决策时更多地考虑较高的沉没成本，从而影响决策，导致较低的迁移概率。值得一提的是，在企业年龄对迁移决策的影响上，本节得到了与企业迁移行为理论不同的结论。将企业年龄纳入迁移研究的分析后，学者们大多给出了一致的结论：企业年龄对迁移具有负向影响。然而我们发现，老企业和新企业同样具有较高的迁移倾向。

将企业是否参与出口作为一项因素进行考量时，研究结果显示出口并不像预期对企业迁移具有正向影响，进一步分析出口企业的特质，我们拒绝了原假设，认为出口企业较内销企业而言，具有较低的迁移倾向。

最后，我们考虑了地区因素，如企业市场规模和当地基础设施水平对企业迁移行为的影响，这与新古典理论的研究是一致的。服务于大市场的企业和拥有低水平基础设施的企业具有较高的迁移倾向。

后续研究还需要进一步拓展的问题有：问卷调查和微观数据相结合，利用问卷调查得出更多企业异质性因素，将其纳入研究框架，从企业内部出发，考察企业迁移决策行为；将企业并购（merger, acquisition and take-over）作为迁移决策的影响因素进行分析，以往文献中，仅 Brouwer 等（2004）对并购问题进行了研究，认为参与并购的企业具有较高的迁移倾向，这一结论解释了大企业的迁移行为。大企业由于沉没成本等因素阻碍了迁移决策的制定，我们希望能够找到大企业迁移的动因及临界条件。

第三节 中国企业迁移的发展趋势

中国在中西部地区加大开放力度，吸引了众多东部地区传统制造业企业迁移，同时，伴随着各国产业转移发展的不断深入，东南亚、非洲国家的投资环境也日渐成熟。企业跨境迁移或是国内区际迁移都表现得相当活跃。

一　出口企业迁移趋势

作为出口企业，保持和提升竞争力是企业在国际竞争中能够立于不败之地的不二选择。成本作为企业生产和发展的首要因素，在出口企业迁移决定中占有重要地位。企业从高梯度产业地区向低梯度产业地区转移，可以起到减轻成本压力，扩大生产和促进转型升级的作用。

（一）趋势之一：专注国内市场，投资中西部地区

与西亚、非洲和东南亚等国相比，中国由于土地广阔，地区间差异存在且短期不能被消除，因此，出口企业迁移的一个发展趋势便是投资中西部地区，利用中西部与沿海地区的梯度差，实现企业转型升级。这也契合了国家出台的相关鼓励中西部地区承接大规模产业转移政策。

对于劳动密集型产业代表行业的制鞋业和纺织服装业，中西部地区是这类出口企业进行产业转移的首要选择。根据亚洲鞋业协会统计数据显示，仅在广东东莞市的鞋业企业中，有 50% 左右的企业到中西部地区如江西、湖南、广西、河南等地区设厂，仅有 25% 左右到东南亚地区如越南、缅甸、印度等国家设厂。[①]

（二）趋势之二：面向东南亚，发展转港贸易

随着国内能源、原材料、土地和劳动力价格的不断上涨，中国出口企业逐渐失去了低价竞争优势。21 世纪初，在产业转移浪潮的大背景下，东南亚国家以越南、柬埔寨、缅甸等国为代表，开始将吸引中国企业迁移作为提升本国经济的手段。自 2004 年起，东南亚国家招商引资开始发力，尤其是越南，经过了十几年的改革开放后，利用外资的规模和力度逐年增加，东南亚国家通过一系列推介会成功将中国部分出口企业引入该国。

在向东南亚地区进行企业迁移的同时，作为中国出口企业，非洲地区也是不可忽略的市场。非洲国家对轻工业、电子、家电等产品的旺盛需求是中国出口企业选择迁移的重要因素之一。

虽然中国出口企业境外迁移的速度逐年增加，投资规模不断增长，但是整体大规模向东南亚等国迁移的条件仍不成熟。中西部地区相对于东南亚国家而言，承接沿海地区加工贸易转移的空间更大，条件也更为优越。具体表现在：第一，东南亚如越南、巴基斯坦等国的社会经济环境不稳定，同时受到 2008 年金融危机影响，当地工人工作环境不稳定，罢工增

---

①　万森、丁一忠：《产业转移：中国出口企业的自选动作》，《国际商务》2011 年第 2 期。

加，这给迁移企业的管理带来了很大困难。第二，当地产业配套不完善，使迁移企业成本增加。对于加工制造业企业而言，原材料和辅料都是通过进口送到东南亚国家的工厂，一些用料较小的材料经常出现短缺，在供应链不连续的情况下，生产周期增加，效率降低。第三，与当地国家的文化差异增加了迁移企业的成本。由于存在着语言和文化的差异，迁移企业要拿出相当一部分时间用于解决沟通问题，这无形中增加了成本。第四，东南亚国家的劳动力供给存在问题，虽然劳动力价格较国内低，但是劳动力素质参差不齐，高素质劳动力缺乏，因此迁入企业容易面临劳动力短缺的风险。

二　本土企业迁移趋势

产业因素和地区因素的变化，促使东部发达地区部分劳动密集型和原材料密集型制造业企业以及资本技术密集型制造业中的部分加工型装备制造业企业率先向中西部地区迁移。随着沿海地区要素成本上升，"东企西进"的速度正逐步加快。沿海企业之所以选择向中西部地区迁移，主要原因有以下几个方面：

第一，地区间发展不平衡产生的梯度差导致企业西迁。2011 年，长三角地区的职工平均工资为 55413 元，同期西南地区仅为 4233 元；长三角地区的房屋销售价格为 10331 元/平方米，而西南地区仅为 3572 元/平方米。无论从绝对数还是增长量来讲，东部地区面临的生产成本居高不下。中西部地区低廉的生产成本极大程度上吸引了沿海企业向西迁移。

第二，中西部地区的能源、矿产资源丰富，是中国重要的原材料和能源生产基地。经过十几年的建设，中西部地区基础设施水平有了极大提升，在承接东部产业转移方面起到了相应的配套作用，从而大大降低了企业迁移成本。

第三，地方政府在企业迁移过程中的作用功不可没。中西部地区政府积极的招商引资政策有力促进了"东企西进"。近年来，中西部地区各级政府频繁地向东部地区开展各类推介活动，与东部企业家交流增加，推出了一系列重点投资项目以吸引东部企业加入。

第四，国家也出台了相应的政策来引导东部企业西迁。具体政策措施如表 4－9 所示。

表 4 - 9　　　近年国家出台的相关政策和国务院批复的区域规划

地区	时间	相关政策和区域规划
沿海地区	2006 年 1 月	国务院正式批复《浦东综合配套改革试点总体方案》
	2006 年 5 月	国务院发布《关于推进天津滨海新区开发开放有关问题的意见》
	2008 年 2 月	国务院批准实施《广西北部湾经济区发展规划》
	2008 年 3 月	国务院批复《天津滨海新区综合配套改革试验方案》
	2008 年 9 月	国务院发布《关于进一步推进长江三角洲地区改革开放和经济社会发展的指导意见》
	2008 年 12 月	国务院常务会议审议并原则通过《珠江三角洲地区改革发展规划纲要》
	2009 年 3 月	国务院批复同意支持中关村科技园区建设国家自主创新示范区
	2009 年 4 月	国务院发布《关于推进上海加快发展现代服务业和先进制造业建设国际金融中心和国际航运中心的意见》
	2009 年 5 月	国务院批复《深圳综合配套改革总体方案》
	2009 年 5 月	国务院发布《关于支持福建省加快建设海峡西岸经济区的若干意见》
	2009 年 6 月	国务院常务会议讨论并原则通过《江苏沿海地区发展规划》
	2009 年 7 月	国务院常务会议讨论并原则通过《辽宁沿海经济带发展规划》
内陆地区	2006 年 4 月	中共中央、国务院发布《关于促进中部地区崛起的若干意见》
	2007 年 6 月	国务院批准重庆市和成都市设立全国统筹城乡综合配套改革试验区
	2007 年 8 月	国务院批复《东北地区振兴规划》
	2007 年 9 月	国务院发布《关于进一步促进新疆经济社会发展的若干意见》
	2007 年 12 月	国务院批准武汉城市圈和长株潭城市群为"全国资源节约型和环境友好型社会建设综合配套改革试验区"
	2008 年 7 月	国务院发布《关于近期支持西藏经济社会发展的意见》
	2008 年 9 月	国务院发布《关于进一步促进宁夏经济社会发展的若干意见》
	2008 年 9 月	国务院批复《武汉城市圈资源节约型和环境友好型社会建设综合配套改革试验总体方案》
	2008 年 11 月	国务院发布《关于支持青海等省藏区经济社会发展的若干意见》
	2008 年 12 月	国务院批复《长株潭城市群资源节约型和环境友好型社会建设综合配套改革试验总体方案》
	2009 年 1 月	国务院发布《关于推进重庆市统筹城乡改革和发展的若干意见》
	2009 年 4 月	国务院批复《重庆市统筹城乡综合配套改革试验总体方案》
	2009 年 5 月	国务院批复《成都市统筹城乡综合配套改革试验总体方案》
	2009 年 6 月	国务院正式批准《关中—天水经济区发展规划》

资料来源：魏后凯、白玫、王业强等：《中国区域经济的微观透析》，经济管理出版社 2010 年版。

第四节　本章小结

　　本章从产业转移的微观主体——企业迁移入手，通过对中国企业迁移决定因素的理论分析，提出了影响企业迁移的主要因素有：第一，企业迁移是企业自身发展的选择。第二，迁入地资源供给的优势在一定程度上促使企业从资源供给不足的地区迁入。第三，当企业面临着生产成本逐年攀升的压力时，迁移决定也就不难理解了。第四，企业迁移的集群效应使得迁移成本能够降低，迁移风险得以分摊。第五，发达地区产业升级和环境压力迫使一些劳动密集型和污染型企业不得不做出迁移决定。

　　我们采用中国制造业企业数据对企业迁移的决定因素进行了实证检验，研究结果发现：①与企业迁移行为理论研究相同，迁移倾向随着企业规模的扩大而降低，这一结果说明大企业在迁移决策时更多地考虑较高的沉没成本，从而影响决策，导致较低的迁移概率。②在企业年龄对迁移决策的影响上，本章得到了与企业迁移行为理论不同的结论。将企业年龄纳入迁移研究的分析后，学者们大多给出了一致的结论：企业年龄对迁移具有负向影响。然而本书发现，老企业和新企业同样具有较高的迁移倾向。③我们将企业是否参与出口作为一项因素进行考量，结果显示出口企业并不像预期的对企业迁移具有正向影响，进一步分析出口企业的特质，我们拒绝了原假设，认为出口企业较内销企业而言，具有较低的迁移倾向。④我们考虑了地区因素，如企业市场规模和当地基础设施水平对企业迁移行为的影响，这与新古典理论的研究一致。服务于大市场的企业和拥有低水平基础设施的企业具有较高的迁移倾向。

　　本章最后一部分，我们区分出口企业和本土企业，分析了中国企业迁移的发展趋势。研究表明，出口企业目前存在两种迁移趋势：一是向国内的中西部地区迁移；二是向东南亚和非洲地区迁移。然而我们认为，虽然中国出口企业境外迁移速度逐年增加，投资规模不断增长，但是整体大规模向东南亚等国迁移的条件仍不成熟。中西部地区相对于东南亚国家而言，承接沿海地区加工贸易转移的空间更大，条件也更为优越。本土企业的迁移趋势主要是国内迁移，考虑到东部地区和中西部地区发展的"梯度差"，以及中西部地区广袤的资源优势，沿海企业的迁移趋势主要是"东企西进"。

第五章　中国区际产业转移的动力机制：要素视角的研究

从微观视角分析了影响企业迁移的因素后，对区际产业转移的动力机制问题的研究就显得尤为重要。本章旨在研究中国区际产业转移的驱动因素，通过对影响区际产业转移的主要因素进行分析，利用数理模型推导区际产业转移的发生机制，针对目前已有文献提出的"产业转移黏性（或梯度转移黏性）"进行检验，判断区际产业转移行为是"被迫"还是"自选择"，究竟是由于政府间的锦标竞争而被迫转入本不具备优势的地区，还是通过自选择，利用要素价格差异或是区位差异而找到适合的地区。

产业转移动机不同、效应不同。弄清产业转移的动力因素及其作用机理对于科学承接产业转移、实现区域协调发展具有重大战略意义。尤其是要弄清投资方产业转移的目的和动机，避免在口号鼓动下或者在"政绩"诱导下不加选择地承接产业转移，给中西部地区的可持续发展带来后患。产业转移客观上要求东道国（地区）贸易投资便利化，政府职能让渡的风险加大，国内市场深化，金融体系面临严峻考验，宏观经济稳定压力加大。对欠发达地区而言，如何进行路径选择，如何在市场取向改革中有突破性进展，这都是我们需要解决的问题。我们期望通过对产业转移的动力机制的研究，为欠发达地区承接产业转移提供政策指导和路径选择。

通过文献回顾可知，学者从不同学科角度分别对产业转移问题进行了研究，例如，比较优势理论探讨了产业转移发生的可能性；古典区位理论和新经济地理理论研究了产业转移发生的原因和区位选择；雁行模式及其延长线理论分析了东亚地区的产业转移问题，反映了产业转移对发展中国家产业升级的作用；产品生命周期理论解释了产业间的国际转移现象；国际投资理论从投资学视角对产业转移问题进行了深入阐释。以上理论构成了研究产业转移问题的理论基础。本章对于区际产业转移动力机制的研究也是基于上述理论。

第一节　区际产业转移主要影响因素

我们研究中国区际产业转移问题时，已有的理论研究在很大程度上可以帮助我们来解释产业转移的动因，但是必须要考虑到产业转移过程中，中国的国情特征和体制转型时期的时代特征。因此，在分析中国区际产业转移的影响因素时，我们首先考虑中国特有的国情和转型经济特征，并以此为基础，从不同的层面分析影响中国区际产业转移的主要因素。

一　要素禀赋和流动性对区际产业转移的影响

生产要素禀赋不同和流动性差异对区际产业转移产生重要影响。一个地区的要素禀赋不同直接决定了该地区的生产方式和经济发展方式从而决定了该地区的经济发展水平。

（一）要素禀赋对区际产业转移的影响

要素在各区域内部和区际间的集聚、分配和整合形成了不同行业和产业，要素间不同的分工协作产生了规模效应和集聚效应，因此形成了不同的经济区域。所以生产要素禀赋在区际间的差异性，影响了各区域的产业结构和竞争力，从而影响了产业转移的实现问题。

由于地理位置、气候条件千差万别，导致各区域拥有不同的自然资源禀赋，而自然资源禀赋在很大程度上决定着一个地区的产业发展。一般来讲，一个地区通常会优先发展本地区具有资源优势的产业，但是自然资源也并非完全限制了地区经济发展路径。在初始阶段，由于技术水平落后，自然资源在很大程度上影响和决定着该地区的产业结构。当经济发展到一定阶段，随着技术水平的提高，自然资源对地区经济发展的限制会逐渐减少，这时产业发展所需要的资源可以通过购买来弥补。

要素禀赋不同可以作为区分发达地区和不发达地区的标志。一般地，发达地区资本要素相对充裕，而欠发达地区劳动力要素相对充裕。因此，发达地区的资本劳动比高于欠发达地区。由于资本的逐利性，资本将由报酬低的地区流向报酬高的地区，导致发达地区的资本劳动比长期高于欠发达地区，从而发达地区更适合生产资本密集型产品，而欠发达地区更适合生产劳动密集型产品。

我国欠发达地区的低成本优势相当明显，这些地区劳动力丰富，土地和能源价格也较东部地区存在较大优势，因此发达地区进行劳动密集型和资源密集型产业转移时，欠发达地区应该是他们的首要选择。

（二）要素流动性对区际产业转移的影响

现代西方经济学认为生产要素包括劳动力、土地、资本、企业家才能四种，随着科技的发展和知识产权制度的建立，技术、信息也作为相对独立的要素投入生产。这些生产要素进行市场交换，形成各种各样的生产要素价格及其体系。在分析要素流动性对产业转移的影响时，区分要素形式分别讨论显得更为合理。

1. 土地流动性对区际产业转移的影响

土地作为一种较为稀缺的资源，空间流动具有相对稳定性，这是和其他生产要素不同的地方。一般在进行产业布局时，通常将土地看作不变和非流动的生产要素。正是因为土地的这种特性，使它成为其他生产要素进行流动的基础和条件，从而对区际产业转移产生较大影响。

如果企业更多地集中在城市带或者产业园区时，该地区的土地价格会相应增加，从而企业生产成本增加。为了降低成本，企业会选择向其他地区迁移，随着迁移企业数目不断增加，产业在区际间的转移出现。现实的例子是，自改革开放以来，东部沿海地区由于政策原因和自身因素，经济发展速度较快，在经济发展的过程中形成了一些城市带和产业带，如珠江三角洲地区和长江三角洲地区。然而随着这些地区土地价格的不断攀升，使得这些地区的企业从降低成本的角度考虑，开始向中西部地区进行转移，具体的过程在第四章企业迁移中已经做了分析。

2. 劳动力流动性对区际产业转移的影响

如果劳动力能够自由流动，那么，劳动力的流向将会改变某一地区的劳动力价格。如果资本不发生流动，劳动力的流入会增加劳动力供给，从而降低劳动力价格，如果劳动力流出，则情况相反。因此，随着劳动力的流动，这一地区的劳动力禀赋情况会发生变化，如果其他要素水平保持不变，该地区产业发展将会发生改变，从而对区域产业结构演进产生影响。雷布津斯基定理告诉我们，在商品价格不变的前提下，某一要素的增加会导致密集使用该要素部门的生产增加，而另一部门的生产则下降。如果一个地区初始阶段资本充裕而劳动力稀缺，那么这个地区生产并出口资本密集型产品，进口劳动密集型产品。此时，如果劳动力自由流动，由于该地区劳动力稀缺，从而劳动力价格高，能够吸引其他地区的劳动力流入。那么随着劳动力的流入，劳动密集型产品的产量提高。从长期看，随着劳动密集型产业生产的扩大，资本密集型产业的劳动力也会转移到劳动密集型产业，导致劳动密集型产业的产量进一步扩张，直到生产劳动密集型产品的机会成本与资本密集型产品的相对价格相同时，劳动力的流动停止。

　　以上我们从理论上分析了当劳动力可以自由流动时，对产业构成的影响。然而现实的情况是，劳动力的空间流动具有一定的制度约束性。在其他条件不变的情况下，劳动力流动的动因是报酬率即工资水平，劳动力总是从工资低的地方流向工资高的地方，从区位劣势地区流向区位优势地区。但是由于劳动力的制度约束性，导致在不同的经济体制下，劳动力的流动具有不同的特征和规律。计划经济时期，政府通过干预和行政命令来主导劳动力的流动。改革开放前，劳动力配置由国家统一调配，农村剩余劳动力一直得不到解放，长期处在待业状态。20 世纪 60 年代，三线建设这一大规模的产业转移事件也是由政府主导的。由于我国劳动力众多，因此这一阶段的优势产业一直是劳动力密集型产业。在市场经济条件下，影响劳动力流动的主要因素是利润和转移成本。改革开放后，随着市场化进程的加快，劳动力流动性增强，随着东部沿海地区的发展，对劳动力的需求也大幅度增加，导致这一阶段出现了"孔雀东南飞"现象。

　　可是，正是由于劳动力流动性限制逐渐放开，才导致了大规模的区际转移没有发生。由于东部地区的劳动力稀缺，工资价格较高，因此吸引了大量的中西部地区劳动力流入，使东部地区的劳动力成本一直处于较低水平，并没有发生理论上分析的，由于东部地区劳动力稀缺价格较高，从而东部地区劳动力密集型产业都转移到中西部地区来生产的情况。后来，随着沿海地区经济不断发展，产业同构性问题凸显，内部竞争的加剧导致劳动力竞争的情况开始出现。随着长三角地区的经济快速发展，吸引大量劳动力流入该区域，而珠三角区域却出现了"民工荒"，这一现象迫使珠三角企业开始向长三角或内地进行转移。

　　3. 资本流动性对区际产业转移的影响

　　资本作为生产要素，也要受到区位环境的制约。相对于土地和劳动力要素而言，资本的流动性相对较强。但是资本必须与其他生产要素相结合才能完成整个生产过程。因此，资本会选择那些吸引其他要素相对容易的地区流入。另外，由于资本的逐利性，使得资本总是从报酬低的地区流向报酬高的地区，体现在现实中，就是从欠发达地区流向发达地区，或是从交易费用高、市场获利少的地区流向交易费用低、市场获利多的地区，这些地区就变成了资本密集型地区。

东部发达地区由于经济高速发展，生产要素的积累导致要素的使用成本与边际收益改变，资本劳动比远高于欠发达地区，资本供给充足，价格较低，而劳动力价格高。根据要素价格调整定理（FPA），某种生产要素增加，产业部门将密集使用这种要素以调整产出组合。因此在实际生产过程中，就出现了资本不断替代劳动的情况。东部地区的资本密集型产业得以快速增长和扩张，而劳动密集型产业由于劳动力稀缺导致生产成本增加，利润下降。长期来看，发达地区势必要将不具备比较优势的劳动密集型产业转移到劳动力成本低廉的地区。欠发达地区可以通过自身劳动力价格优势承接这部分产业转移。

资本在流动的过程中，会出现以下两种情况：第一，由于欠发达地区的要素禀赋情况导致资本收益率远低于发达地区，从而资本由欠发达地区流向发达地区，我们之前的分析都说明了这种情况。然而资本还可能出现的第二种流动方式也是我们不能够忽略的：欠发达地区为了摆脱自身困境，通过利用自身资源和劳动力的优势，实现资本报酬率最大化，吸引资本流入，此时资本有可能从发达地区流向欠发达地区。

4. 技术流动性对区际产业转移的影响

产业转移的过程，就是技术转移和扩散的过程，因此技术的流动性会影响到产业转移。技术的流向一般是由经济发达地区流向欠发达地区。但是技术的形式不同，流动性不同。如果技术以专利的形式出现，可以看作像商品一样在区际间完全流动，如果看作是劳动力所具备的能力，那么它的流动性就受到劳动力流动性的限制。因此，作为技术密集型产业的区际转移，不仅要考虑到转出地的需求，也要考虑到转入地经济发展情况。因为技术性产业的转移不仅取决于技术流动性的差异，也取决于使用技术的人力资本情况。

5. 企业家才能对区际产业转移的影响

企业家才能是指企业家经营企业的组织能力、管理能力和创新能力。微观经济学认为，在生产相同数量产品时，可以多用资本少用劳动，也可以多用劳动少用资本。但是，劳动、土地和资本三要素必须合理组织，才能充分发挥生产效率。因此，为了进行生产，必须有企业家将这三种生产要素组织起来，企业家才能和这三个要素的关系不是互相替代，而是互相补充的关系。作为一种生产要素，企业家才能的特殊性在于创新能力。通过企业家的创新，企业降低生产成本，实现利润最大化。也就是说，企业家才能是企业的"经营资源"，它能够推进企业和产业的发展和转移。

正因为企业家才能的这种特殊性，才导致了该要素的稀缺性。企业家才能的供给是有限的，而且分布是不确定的，经常随着资本、劳动力等要素的变化而变化。因此，企业家才能的丰裕程度，决定了一个地区产业转移的实施程度，是全局性的转移还是部分转移。我国东部沿海地区，由于一直以来的经济发达程度，与之相配套的企业家才能要素相对丰裕，因此，区际产业转移大多发生于东部地区。

二　区位对区际产业转移的影响

区位优劣的差异通过该地区基础设施、运输成本以及集聚程度体现。

（一）基础设施对区际产业转移的影响

基础设施对区际产业转移的影响主要体现在两个方面：第一，基础设施的发达程度与区域产业结构升级快慢呈正相关关系。一般来说，对基础设施投资的增加，有利于推动经济增长，从而对区域产业结构升级具有促进作用。改善产业承接地的基础设施水平，可以减少企业要素投入成本，减少对劳动力的需求，改变当地的产业结构。历年来中国农村经济的发展通过改善农村电力、供水、道路等基础设施水平，显著地减少了农业要素的投入成本，改善了农耕结构，提高了非农产业对劳动力的需求，从而改变了农村的生产结构。此外，对交通运输和电力设备等基础设施的改进，繁荣了市场，使市场产生了对电器产品、电子工业的需求，带动了信息技术和服务为主的现代工业和第三产业的发展，进而带动产业结构升级，促进经济增长。

第二，基础设施发达程度与区际产业转移的成本呈负相关关系。首先，基础设施越发达，企业生产成本越低，生产效率越高。基础设施对企业生产成本的影响在第三章已有详细的论述。其次，基础设施越发达，交易成本越低，管理效率越高。交易成本之所以存在，是因为信息不对称。企业为了在交易中处于更有利的地位，必须更多地获取商品信息。而良好的基础设施有利于交易双方以最少的成本获取最多的信息、随着基础设施的完善，交易进行变得容易，交易费用得以降低，交易过程中的违规行为逐渐减少，交易秩序平稳，因此维护交易的费用也就越来越少。

（二）运输成本对区际产业转移的影响

一般来说，产品加工程度越高，运输成本在总成本中所占的比重越小，对产业区位选择的影响也就越小。因此，初级产品中，运输成本所占的比重相当大，为了节约生产费用，初级产品一般都选择在其原材料产地进行生产活动。对于欠发达地区而言，由于自然禀赋原因，多是以生产初级产品为主，这类产品一般属于资源密集型或劳动密集型产品，可运输性较低，因此考虑到运输成本的关系，此类产品或产业发生转移的可能性不大。而对于发达地区来说，由于技术和资本流动性的关系，生产的产品加工程度较高，并不需要太多地考虑运输成本，因此发达地区可以把生产基地设在欠发达地区，利用当地的原材料资源进行生产和加工，加工出来的成品再运送到其他地区，这样就可以尽可能地规避运输费用的影响。

（三）集聚程度对区际产业转移的影响

在分析集聚程度对区际产业转移的影响时，我们不倾向于完全肯定集聚的正效应，即集聚容易导致企业产业对所在区域的"依赖"，同时我们还要看到集聚目前所带来的负外部性。

首先我们要考虑的是集聚的正外部性，这也是很多文献都提及的问题。集群体内部存在前向、后向和水平产业联系的供应商、生产商、代理商、顾客、金融机构、中介服务等相关支撑体系，这些支撑体系通过长期的联系构成了本地网络。区域内的企业可以利用这种网络关系，进行内部学习，这种内部学习效应对新进企业和处在成长中的企业而言，是非常重要的。通过集聚的规模经济和范围经济，一方面促进了新企业的发展，另一方面又不断地将集群优势扩张和积累，使集聚体内部出现了路径依赖的自我加强过程。对于整个集聚体内的企业而言，由于长期已经形成了完整的产业链，因此除非整个产业链发生转移，否则内部企业将不会考虑迁移至其他地区。

我们不能够忽略集聚对产业生产的这种"黏性"。企业间由于互相信任，可以有效地避免与陌生人交易时的机会主义行为。而且，在集聚体内的企业由于空间距离接近，交易成本相对较低，导致整个生产成本较外部企业交易更低，因此这些企业没有动力去破坏现有的集聚环境，从而迁移的可能性相对外部企业而言更低。

但是我们不能够忽视目前集聚体内越来越多的负外部性。一些相互排斥或缺乏联系的行业或企业，它们的空间集聚所带来的则是效用的减少。

尤其是一些污染型企业的集中，对当地居民和环境的危害日益严重。这种类型的集聚会造成产业和当地居民之间出现强大的排斥力和约束力，最终形成促使企业迁移的推动力。

三　制度和政府行为对区际产业转移的影响

以上，我们分别从要素和区位的视角研究了区际产业转移的影响因素。除此之外，制度和政府行为也是需要考虑的主要影响因素。

改革开放以来，东部沿海地区获得了经济持续稳定的高速增长，根本原因除了来自中央政府的制度创新推动之外，地方政府的制度创新是不可忽略的因素。在区域经济发展中，市场机制与政府干预是资源配置的两种方式，也是协调一个国家或地区经济利益关系的两个重要手段。区域经济发展的非均衡状态，是市场机制作用的必然结果，而区域经济发展水平差距扩大，不仅影响整个国民经济的健康发展而且降低微观个体和要素的收益，从而阻碍市场机制的作用。因此，政府对区域发展非均衡的干预，可以为市场机制的发挥创造良好的经济运行环境。在区际产业转移过程中，政府的干预和引导，对产业转移的实现具有决定意义。

市场经济条件下，产业转移是企业按照市场规律和自身发展需要，以利润最大化为目标做出的选择。企业在产业转移过程中，不仅要考虑自身内在需求，如物质资本、人力资本、生产技术等，同时还要考虑企业外部环境，如产业转移地和承接地的环境。企业在自身环境不变的情况下，外部约束就成了决定产业转移的主要因素，而外部环境的改善离不开政府政策的作用。

政府制定产业政策，可以明确产业的发展方向，实施产业结构调整，对产业转移产生了影响。首先，政府提供了充分的信息。在制定产业政策时，政府会将产业进行分类，如优先发展、重点发展、鼓励发展和限制发展等。针对不同类别的产业，实施不同的产业政策，这些政策为经济主体进行决策提供了依据。作为企业而言，可以根据政策调整产业转移方向。其次，政府政策可以促进区域经济发展。对欠发达地区而言，仅依靠自身力量和市场机制是无法实现经济的快速发展。通过政府的作用，实施产业转移政策，将会加快发展速度，实现经济起飞。最后，政府政策对市场环境起到了维护作用。政府政策的应用，可以整顿规范市场秩序，打破地方垄断，保护知识产权，构建统一、开放和公平经济政策的区域性市场环境。

中国制度变迁的实质是政府供给主导型的制度变迁。东部地区由于自身的区位优势，比西部地区更容易获得政府制度变迁的安排，西部地区由于条件缺乏而较少地享受这样的安排，从而形成了东西部区域之间的体制落差，具体体现在要素市场尤其是资本市场的制度安排、企业制度创新安排的差异、财税制度安排的差异。正是由于差异性的存在，才使得中西部地区经济发展受到制度短缺的约束，阻碍了沿海地区的产业转移。

东部地区的产业转移需要中西部地区相应的思想、观念、习惯、文化等非制度因素的相配合，但是从整体来看，欠发达地区仍然存在着保守的文化氛围，具体体现在观念守旧、官本位意识、风险规避等，从而构成了封闭的社会意识圈。在这样的环境下，市场竞争和人才竞争无法正常进行，存在大量无效率的现象。这些因素的合力导致欠发达地区制度成本过高，严重影响了区际产业转移的发生。这也是目前产业转移没有大规模实现的主要原因之一。

四 制约当前区际产业转移发生的因素

按照区际产业转移理论，中国的东部沿海地区和中西部地区之间，由于产业梯度差、资源禀赋等外在因素的存在，有了实施产业转移的可能性，但是从目前来看，产业转移的实现条件仍不成熟。在中国的区际产业转移实践过程中，还存在一些无法克服的制度性、结构性和政策取向性的障碍。因此在目前一段时期内，东部地区向中西部地区的大规模产业转移是无法自发实现的。虽然已经出现了一些小范围的产业转移，但是在规模和范围上局限性都比较大，而且在这些已经发生的产业转移活动中，我们不能排除大多数是由国家政策强制推进的，因此在转移效果上都不甚理想。本节中，我们就目前制约区际产业转移的因素进行分析，希望能够找到产业转移没有大规模发生的原因，从而为今后的产业政策制定提供决策参考。

（一）地区间的经济发展不平衡

地区间的经济发展不平衡体现在对产业转移的影响上主要有两个方面：第一，东中西部三个地区间存在着经济和产业梯度差，从理论上构成了产业转移的基础。但是由于中国幅员辽阔，不仅地区间存在着梯度差，同一区域内部也存在着发展不平衡的现象。东部地区进行产业转移活动时，为了节约迁移成本，首要选择不是中西部地区，而是同一区域内部的低梯度地区。如珠三角和长三角城市的产业转移，多是选择与自身相邻较近的同一省份或相邻省份的城市。第二，中国经济重心一直趋向沿海地区，在一定程度上阻碍了产业转移的发生。一些本应该从东部转移出去的传统产业，由于仍然对东部地区的经济发展起着重要作用，因此政府对这类企业继续给予政策支持，使得这些产业不仅没有变成夕阳产业，反而有规模扩大的趋势，从而更缺乏向外转移的动力。

（二）市场经济体制不完善

目前，我国还未形成完善和成熟的市场经济体制，一些不合理的制度因素严重制约了区际产业转移的发生。主要表现在：第一，土地所有权问题。土地归国家和集体所有，在这种情况下，地方政府靠大量开发土地来获取收入，在一定程度上降低了东部地区的土地使用成本，使东部企业存在着"地理惯性"，不会因为土地稀缺而选择迁移。第二，资源"匮乏"问题。众所周知，东部地区存在着自然资源匮乏问题，而中西部恰恰是资源丰裕的地区，但目前却没有发生东部地区大量资源密集型企业迁移到中西部地区的现象。主要的原因是，很多东部的资源密集型企业或产业可以依靠国家指令性价格从中西部地区获取廉价的资源。如东部地区的煤炭、电力等资源依然采用行政划拨和补贴的方式获得，导致这些企业也丧失了向外转出的动力。

（三）东部地区产业集群化

在分析区位对产业转移的影响时，我们已经分析了产业集聚所带来的优势和劣势。进入 21 世纪后，东部地区的产业集群发展速度越来越快，一些省份如浙江和广东等，都形成了大范围的产业集群。集群内的企业能够形成专业化的生产协作网络，从而降低了交易成本，提高了生产效率，对地区经济增长起到了促进作用，同时地区经济增长反过来又促进了产业集群的发展，以此良性循环发展的结果是，集群内的企业都不愿脱离整个网络而转移，但是将整个集群体进行转移又不现实。因此，集聚经济的快速发展在一定程度上阻碍了东部地区的产业转移。

（四）要素自由流动

随着经济的发展，对要素的限制逐渐减少，尤其是对劳动力的限制。东部地区良好的产业环境和居住环境，以及更多的工作机会，更高的劳动报酬，吸引了中西部地区大量的劳动力流向东部。这从理论上打破了东部地区劳动报酬高从而生产成本高的假设。随着劳动力供给的无限充足，东部地区实际工资并没有随着经济同步增长，仍然保持着低成本的优势，这使得东部企业仍然可以按照劳动力成本的比较优势进行生产，参与竞争，而完全不需要通过向中西部产业转移来实现。

（五）来自欠发达地区的阻碍因素

以上我们从区际发展、市场机制、产业集群和要素流动性的角度探讨了当前制约东部地区向中西部进行产业转移的原因。除了这些外部的原因外，对于中西部地区自身存在的问题也不容忽视。

1. 欠发达地区的产业基础较为薄弱

能够承接产业转移的地区，必须拥有良好的配套条件、便利的交通设施。在劳动力和其他要素条件相近的情况下，运输成本是东部地区考虑的主要因素。欠发达地区大多离经济中心较远，交通条件较差，信息不通畅，企业对外联系受到很大限制，产业环境明显落后于发达地区，这些主客观的缺陷导致欠发达地区尚未具备承接产业转移的实力。根据区际产业转移的机理，东部地区的产业转移应该是自发的推进，而不是采用强制性手段迫使产业转移。强制的结果只会降低生产效率，甚至出现"零收益"或"负收益"。

2. 欠发达地区要素市场不健全

目前欠发达地区公有经济比重较高，地方政府对企业决策具有重大影响。要素市场尤其是资本市场和金融市场的发育较发达地区滞后，而且存在着地区封锁现象，同时欠发达地区的信用体制不健全，对外开放程度较低。地方政府更为关心的是财政收入和就业情况，东部企业更关注利润最大化，因此两者间必然会存在冲突。

3. 欠发达地区思想观念相对落后

欠发达地区的观念落后主要体现在因循守旧、自然经济、小农经济思想依然存在，"等、靠、要"的依赖心理没有完全消除。欠发达地区政府还沿袭计划经济时期的模式，更多地从上级或中央政府要资金要项目，而不是主动地适应市场经济体制，转变职能和观点，改善投资环境。欠发达地区存在的政府效率、法制环境、基础设施、劳动力素质以及各项配套能力上的缺陷，使产业承接成本增加，无法吸引来自发达地区的产业转移。

第二节　区际产业转移发生机制

新古典增长理论认为初始禀赋差异是区际经济增长不平衡的原因，那么按照该理论，初始禀赋一样的地区就不会有要素流动和产业转移。因此，新古典理论无法解释一些地区为什么发展了并不具备初始比较优势的产业。对于要素流动、产业转移和经济增长之间的关系，一些模型给出了合理的解释，如资本创造模型和全域溢出模型，但是这些模型的考虑对象都是以国家为主体，也就是暗含了区际要素尤其是劳动力是不能流动的。如果放松了要素在区际间流动的假设，根据边际收益递减规律，要素必然会从丰裕地区流向稀缺地区。但是已有研究发现，经济活动的高度集中导致要素都流向最富裕的地区（Easterly and Levine，2001）。刘强（2001）研究发现，1981—1998年间中国各地区资本劳动比、资本和劳动增长率的变动方向都和新古典模型预期方向相反，也就是说明新古典增长模型的边际收益递减规律失效。Weeks和Yao（2003）发现，改革开放以后各省区人均收入呈发散状态，原因是沿海和内地省区初始技术水平和技术进步率具有差异性。

传统新古典理论框架下，要素从丰裕地区流向稀缺地区，最终要素价格均等。但事实存在着这样一种现象或是可能性：资本的流向刚好与新古典理论假设相反，而且资本在循环累计中有可能会加速流入丰裕地区，导致资本和劳动力同向流动加快区际差距。因此，新古典的分析方法已经不能够适应当前要素流动与产业转移问题了，强调规模报酬递增和空间区位因素的新经济地理学或为我们提供了一个可能的分析框架。

我们在新古典经济理论和新经济地理学框架下，希望通过考察要素（劳动和资本）流动对区际产业转移的影响，为产业转移的发生机制提供一个理论解释。

一　模型基本假设

假设1：一国由两个地区组成，发达地区（D）和欠发达地区（U）。发达地区资本丰裕，劳动稀缺；欠发达地区劳动丰裕，资本稀缺。

假设2：发达地区劳动报酬率高，欠发达地区劳动报酬率低；但是资本报酬率地区差异是不确定的。

因为要素的流动方向总是由报酬低的地区流向报酬高的地区，因此根据假设2，可以做出假设3：

假设3：劳动力总是从欠发达地区流向发达地区，资本在收益递增的条件下从欠发达地区流向发达地区，在收益递减的情况下从发达地区流向欠发达地区。

假设4：要素流动过程中，不存在闲置情况。

当生产中投入资本和劳动两种要素时，假定 i 地区（$i = D$，U）总体生产函数是如下 C—D 函数形式

$$Q_i = A_i L^\alpha K^\beta \tag{5-1}$$

其中，A_i 代表技术水平，α 和 β 是既定参数。根据假设条件可知，发达地区产出对劳动的弹性高于产出对资本的弹性，因此有 $\alpha > \beta$。欠发达地区刚好相反，$\alpha < \beta$。

令 l_i 和 k_i 分别表示劳动和资本的单位投入量，即劳动生产率和资本产出率。高技术水平会带来高劳动生产率和低劳动投入量；同样，高技术水平也会带来高资本产出率和低资本投入量，因此我们有 $d(l_i)/d(A_i) < 0$；$d(k_i)/d(A_i) < 0$。

假设技术水平是可以量化的，数值越大表示技术水平越高。那么可以把上述两不等式写成

$$l_i = l_0 A_i^{-\lambda}, \quad k_i = k_0 A_i^{-\gamma} \tag{5-2}$$

其中，λ 和 γ 是大于 0 的常数。l_0 和 k_0 分别表示基期时的单位劳动和资本投入量，A_i 表示可量化的技术水平。

从式（5-2）中可以看出，实际上 λ 和 γ 分别代表了边际产出的劳动和资本投入量对技术水平的敏感程度。

对于发达地区而言，由于资本相对丰裕而劳动相对稀缺，因此劳动对技术的敏感程度也就是弹性要大于资本对技术的弹性，且都大于 1（根据假设4，要素没有闲置）。对于欠发达地区而言，资本相对稀缺而劳动相对丰裕，因此资本对技术的弹性要大于劳动对技术的弹性，同样弹性值都大于 1。即

$$\lambda_i > \gamma_i > 1, \quad i = D$$

$$\gamma_i > \lambda_i > 1, \quad i = U$$

二　要素区际流动条件

要素所有者为了最大化自身利益，必然会将所拥有的要素从报酬低的地区转移到报酬高的地区，最终要素报酬率的地区差异转化为要素流动的边际成本。

对劳动力要素而言，我们有如下假设：假设劳动力的移动必须满足两个条件：第一，迁移后的效用高于迁移前；第二，迁移后的收入高于迁移前。因此，劳动力区际流动条件可以用下式表示

$$\{\max(U_{Y_U}^U) \leqslant \max(U_{Y_D}^D)\} \cap \{Y^D \geqslant Y^U\} \qquad (5-3)$$

其中，$\max(U_{Y_U}^U)$ 表示欠发达地区（U）劳动力在收入约束下的最大效用，发达地区表示方法与欠发达地区相同，Y^D 和 Y^U 分别代表发达地区和欠发达地区的收入水平。

对于资本要素而言，假设资本在区际间的流动没有成本，因此资本的区际流动条件只需满足迁移后的资本报酬率高于迁移前，即

$$r_k - r_j \geqslant 0 \qquad (5-4)$$

其中，k 表示迁入地，j 表示迁出地，且 k，$j = D$，U。

式（5-3）和式（5-4）就是劳动和资本区际流动条件。当两地区效用相等，收入差可以弥补迁移成本时，劳动力区际流动达到均衡状态；当两地资本回报率相等时，资本区际流动达到均衡状态；当两式同取等号时，要素流动达到一般均衡状态。

通过以上分析，我们可以得出结论1：当要素市场完全竞争和区际间完全开放时，只要区际要素价格差不等于要素区际流动的边际成本，那么必然存在要素流动。对于劳动力要素来说，由于我们假设它不仅满足收入条件，也要满足效用条件，因此，即使工资差等于迁移成本时，如果地区间效用不相等时，劳动力也会在区际间流动。

在边际收益递减规律的假设下，要素区际流动会降低原本相对价格较高要素的价格，提高原本相对价格较低要素的价格，从而导致区际要素价格均等化。在边际收益递增规律的假定下，要素区际流动会提高相对价格较高要素的价格，降低相对价格较低要素的价格，从而导致区际要素价格差距进一步扩大。

三　微观主体决策条件

作为产业转移的微观主体企业而言，我们假设在规模报酬递增情况下，同一个地区内部生产各种产品的技术相同、工资率相同、资本报酬率相同，此时，总成本可以写成：

$$TC_i = F_i + l_i w_i Q_i + k_i r_i Q_i \qquad (5-5)$$

其中，F_i 表示固定资本投资，l_i 和 k_i 与上文相同，分别表示单位劳动和资本的投入量，w_i 表示工资率，r_i 表示资本回报率。

再假设消费者的偏好是多样化的，因此不同企业之间不会生产同类产品，也就是每个厂商只专业化生产一种类型的产品，因此，企业数量与产品数量相同。

假设单个厂商的产品价格为 p_i，那么利润可以写成

$$\pi_i = p_i Q_i - TC_i = p_i Q_i - (F_i + l_i w_i Q_i + k_i r_i Q_i) \qquad (5-6)$$

根据厂商最大化利润条件 $\left(\dfrac{\partial \pi_i}{\partial Q_i} = 0 \right)$，可以得出

$$p_i = (l_i w_i + k_i r_i)/(1 - 1/\sigma) \qquad (5-7)$$

其中，$\sigma = 1/(1-\rho)$。ρ 是 $D-S$ 产品多样化偏好程度，σ 是 $D-S$ 产品替代弹性。

最大利润 $\pi_i = (l_i w_i + k_i r_i) Q_i/(1 - 1/\sigma) - F_i \qquad (5-8)$

厂商进入或退出生产的临界条件是利润为零，因此可求得均衡产出

$$Q_i = (\sigma - 1) F_i/(l_i w_i + k_i r) \qquad (5-9)$$

这就是微观主体的生产决策条件。

将式（5-9）代入式（5-5），可以得出均衡时要素总成本为

$$TC_i = F_i + (l_i w_i + k_i r)(\sigma - 1) F_i/(l_i w_i + k_i r) = \sigma F_i \qquad (5-10)$$

这就是微观主体的成本决策条件。

四 不同假设条件下要素流动对地区经济增长的影响

在讨论完要素流动条件和微观主体决策条件后，我们要分析在规模报酬递减和规模报酬递增两个不同假设条件下，要素流动对于发达地区和欠发达地区技术水平和经济增长的影响。

假设 j 地区的企业数目为 n 个，那么该地区的总产出为：

$$
\begin{aligned}
Q &= \sum_{i=1}^{n} Q_i \\
&= (\sigma - 1) \sum_{i=1}^{n} \left[F_i/(lw + kr) \right] \\
&= \frac{(\sigma - 1)}{lw + kr} \sum_{i=1}^{n} F_i \qquad (5-11)
\end{aligned}
$$

从式（5-11）中可以得到该地区所有厂商的劳动投入量为：

$$L = lQ = \frac{l(\sigma - 1)}{lw + kr} \sum_{i=1}^{n} F_i \qquad (5-12)$$

资本投入量为：

$$K = kQ + \sum_{i=1}^{n} F_i = \left(\frac{k(\sigma - 1)}{lw + kr} + 1 \right) \sum_{i=1}^{n} F_i \qquad (5-13)$$

在不考虑技术进步的条件下，要素流动会引起流入地和流出地劳动和资本投入量之间存在如下替代关系：

$$\frac{K}{L} = \frac{\left(\frac{k(\sigma-1)}{lw+kr}+1\right)\sum_{i=1}^{n}F_i}{\frac{l(\sigma-1)}{lw+kr}\sum_{i=1}^{n}F_i}$$

$$= \frac{k}{l}\left(1+\frac{r}{\sigma-1}\right)+\frac{w}{\sigma-1} \tag{5-14}$$

由式（5-14）可知，其他条件不变时，劳动投入量和资本投入量之间存在着正向替代关系，即使用资本越多，需要的劳动也越多。将式（5-14）变形可得到边际产出的资本投入量和边际产出的劳动投入量之间的关系：

$$\frac{k}{l} = \left(\frac{K}{L}-\frac{w}{\sigma-1}\right)\frac{\sigma-1}{r+\sigma-1} \tag{5-15}$$

将式（5-15）代入式（5-2），可得技术水平与边际劳动—资本投入量之间的关系：

$$A = \left(\frac{k}{l}\cdot\frac{l_0}{k_0}\right)^{1/(\lambda-\gamma)}$$

$$= \left[\left(\frac{l_0}{k_0}\cdot\frac{\sigma-1}{r+\sigma-1}\right)\left(\frac{K}{L}-\frac{w}{\sigma-1}\right)\right]^{1/(\lambda-\gamma)} \tag{5-16}$$

由前面的节假设条件推导可知：

对于发达地区，$\lambda>\gamma>1$，因此，当要素报酬率不变时，当劳动流入发达地区，资本流出发达地区时，要素流动使资本劳动比下降，从而技术水平下降；当劳动和资本都同时流入时，对技术水平的影响是不确定的。对于欠发达地区，$\gamma>\lambda>1$，当要素报酬不变时，资本流入，劳动流出时，资本劳动比上升，从而技术水平提高；劳动和资本同时流出时，对技术水平的影响是不确定的。因此，可以得出结论2：在要素回报率不变的情况下，要素的流动必然会引起技术水平的变化，变化的方向取决于要素的流动方向。

将式（5-16）代入式（5-1）的生产函数中，可以将生产函数表达式改写成：

$$Q = \left[\left(\frac{l_0}{k_0}\cdot\frac{\sigma-1}{r+\sigma-1}\right)\left(\frac{K}{L}-\frac{w}{\sigma-1}\right)\right]^{1/(\lambda-\gamma)}L^{\alpha}K^{\beta} \tag{5-17}$$

在这个表达式中，我们可以确定发达地区和欠发达地区要素流动对产出有影响，但是无法确定影响方向。因此将式（5-17）与式（5-12）、式（5-16）联立，得：

$$\frac{L^{1-\alpha}}{K^\beta} = l_0 \left[\left(\frac{l_0}{k_0} \cdot \frac{\sigma-1}{r+\sigma-1} \right) \left(\frac{K}{L} - \frac{w}{\sigma-1} \right) \right]^{(1-\lambda)/(\lambda-\gamma)} \tag{5-18}$$

再将式（5-18）代入式（5-17），得：

$$Q = l_0^{\frac{1}{1-\lambda}} K^{\frac{\beta\lambda}{\lambda-1}} L^{\frac{\alpha\lambda-1}{\lambda-1}} \tag{5-19}$$

由于发达地区 $\lambda > \gamma > 1$，因此，发达地区资本流出对于产出具有负向影响，劳动流入对产出的影响取决于 $(\alpha\lambda-1)$ 的符号。当 $\alpha\lambda > 1$ 时，劳动流入对产出影响为正，当 $0 < \alpha\lambda < 1$ 时，劳动流入对产出影响为负。现实中，通常 $\alpha\lambda > 1$，因此，劳动力流入对产出的影响为正。在规模报酬递增的假设下，发达地区是劳动和资本的流入地，因此要素流动带来发达地区的产出增长。在规模报酬递减的假设下，发达地区劳动流入，资本流出，此时要素流动对发达地区产出影响的方向不确定。

对于欠发达地区而言，$\gamma > \lambda > 1$，资本流入对产出的影响为正，劳动力流出对产出的影响仍然取决于 $(\alpha\lambda-1)$ 的符号，根据现实情况，当 $\alpha\lambda > 1$ 时，劳动流出对产出影响为负。在规模报酬递增假设下，欠发达地区是资本和劳动的流出地区，此时对产出的影响为负。在规模报酬递减的假设下，欠发达地区资本流入，劳动流出，此时对产出的影响方向不确定。

因此，我们得到结论3：在规模报酬递增的假定下，要素流动有利于发达地区产出增长，不利于欠发达地区产出增长；在规模报酬递减的假设下，要素流动对发达地区和欠发达地区产出的影响是不确定的。

第三节　要素自由流动与产业转移黏性

梯度推移理论认为无论是在世界范围，还是一国范围，经济技术的发展都是不平衡的，地区间客观上存在着经济技术的梯度。生产力的空间推移，要从梯度的实际出发，让有条件的高梯度地区发展或引进先进技术，然后逐步向低梯度地区推进，随着经济发展，推移速度加快，进而缩小地区间梯度差距，实现经济均衡发展。因此，根据梯度推移理论，发达地区的产业可以通过梯度推移转移到欠发达地区，从而缩小地区差距。

中国作为一个发展中国家，在承接发达国家的产业转移过程中，利用劳动力成本低的优势，形成了与发达国家和地区在资源约束上的耦合，从而使得中国尤其是沿海地区，成功把握了发达国家产业升级调整的机会，加速了工业化进程，实现经济高速增长。类比我国承接发达国家产业转移情形，就国内而言，欠发达的中西部地区能否利用东部产业升级调整的机会，成功地承接东部产业转移，实现东中西部均衡发展，这是目前亟待解决的问题。然而大量文献研究发现，中西部作为欠发达地区并没有像理论预期的那样顺利承接东部产业转移。造成这种现象的主要原因是在产业转移过程中存在诸多延缓产业转移的因素，从而形成产业转移黏性。

国内学者从劳动力成本的角度论述了迄今为止东部地区未出现大规模产业转移的原因。研究认为劳动力国内自由流动、无限供给及二元化的户籍制度阻滞了东部发达地区劳动力成本的上升，劳动力呈现由欠发达地区向发达地区的单向流动，从而发达地区不必通过产业转移便可实现与廉价劳动力的结合（罗浩，2003；谢丽霜，2005；刘嗣明等，2007；冯根福等，2010）。吴安（2004）将劳动力成本分为绝对和相对成本，指出虽然西部地区绝对劳动成本低，但是当考虑生产率因素后，相对成本较东部高，因此东部地区在产业转移上存在黏性。云伟宏（2010）则认为中西部地区相对于东部的劳动力成本优势可能是伪命题。首先，中西部与东部的劳动力成本差异较之中国大陆与发达国家的劳动力成本差异而言，差距很小以至于可以忽略。其次，中西部目前已经进入劳动力成本上升时期，与东部差异已呈收敛迹象。

除了劳动力成本外，一些学者强调了东部地区拥有的区位优势以及中西部自身在基础设施建设等方面的缺陷造成了东部地区产业转移的成本和难度（魏敏等，2004、2005；谢丽霜，2005；黄福才等，2007；冯根福等，2010），东部独特的区位优势为企业节约了运输和原材料进口成本，经济区位重心沿海化的趋势阻碍了梯度推移扩散，形成梯度黏性。

由于我国劳动力流动壁垒逐渐被消除，这使得劳动力在地区间自由流动成为现实。劳动力自由流动是否导致产业转移黏性，前文研究从作用机理上给出了初步解释，即劳动力涌向东部后，带来了东部劳动力供给不断增加从而弥补了因工资上升导致的成本增加，使东部仍然具有比较优势。本节试图从新古典理论的角度，用 CES 生产函数证明当劳动力自由流动时，产业转移出现黏性，然后选取东部数据进行实证检验并进行讨论。

一　理论模型推导

(一) 假设条件与基本命题

如果要素可以在地区间自由流动,考虑 2×2 模型,即经济中只有两个地区 (A 和 B),使用两种生产要素 (K 和 L)。

假设 A 地区是资本丰裕地区,B 地区是劳动丰裕地区。要素稀缺程度决定要素边际贡献的大小,根据边际报酬递减规律,在要素自由流动假设下,要素会从丰裕地区流向稀缺地区。因此,资本由 A 地区流向 B 地区,劳动力由 B 地区流向 A 地区。

初始阶段,A 地区的经济发展水平高于 B 地区,由新古典增长理论可知:某一地区资本回报率与该地区资本—劳动比反向变动,劳动回报率与资本—劳动比正向变动。因此,随着要素自由流动,初始人均收入低的不发达地区可以获得比发达地区更高的增长率,区域经济差距缩小,经济增长趋同 (Robert J. Barro 和 Xavier Sala - i - Martin,1992)。在趋同过程中,劳动力从丰裕流向稀缺地区的过程会缩小地区间人均收入差距,而资本的流动导致欠发达地区经济出现增长,且增长率高于发达地区,最终为赶超提供可能。现实中,地区间资本流动通常以固定资产投资形式发生产业转移,因此招商引资对欠发达地区承接产业转移发挥着至关重要的作用。

但是,如果放松要素完全流动假定,考虑要素流动性差异即劳动力与资本流动存在差异时,新古典趋同假说就可能不成立。本节从以下两个命题进行证明。

命题 1: 当要素完全不流动时,要素市场不出清,因此不会出现价格趋同,这时贫富差距将不会收敛,会维持在初始水平或是趋于发散。

命题 2: 当要素流动性不一致时,流动性低的要素黏住流动性高的要素,出现产业转移黏性。

(二) 生产函数的选取与证明

本节选取 CES 生产函数和 C—D 生产函数考察产业转移黏性,CES 函数在替代弹性这一假设中,突破了 C—D 函数替代弹性恒为 1 的限制,而且通过替代弹性的不同演化,将 C—D 函数、Leontief 生产函数及线性生产函数都作为它的特例。因此,CES 函数更具有一般性,它扩展了生产函数的研究领域。

为了后续实证研究与理论研究的统一性,我们在 CES 函数的基础上,考虑当 CES 函数中替代参数 $\rho \to 0$ 时，即在 C—D 函数情形下，产业黏性是否存在。

我们采用的 CES 函数形式为 $Y = (\delta K^{-\rho} + \mu L^{-\rho})^{-\frac{1}{\rho}}$，当 $\rho \to 0$ 时，CES 函数转化为 C—D 函数形式，因此在证明时，分为两部分，第一部分证明 CES 函数形式下产业转移黏性，第二部分证明 C—D 函数形式下的产业转移黏性。

在 CES 函数式中，δ 为资本分配率，表示技术的资本集约程度；μ 为劳动分配率，表示技术的劳动集约程度，当规模报酬不变时，$\delta + \mu = 1$；ρ 为替代参数，$\rho = \dfrac{1-\sigma}{\sigma}$，$\sigma$ 称为替代弹性，是要素比率的变化速度与边际替代率的变化速度之比。$\sigma = \dfrac{d(K/L)}{K/L} \Big/ \dfrac{d\left(\dfrac{\partial Y}{\partial L} \Big/ \dfrac{\partial Y}{\partial K}\right)}{\dfrac{\partial Y}{\partial L} \Big/ \dfrac{\partial Y}{\partial K}}$，表示生产要素间相互替代的难易程度，在一般情况下非负。

CES 函数和 C—D 函数满足的假设条件为

A1：$F(K, L) \geqslant 0$　$F(0, L) = 0$　$F(K, 0) = 0$

A2：$\dfrac{\partial F}{\partial K} > 0, \dfrac{\partial F}{\partial L} > 0$

A3：$F(tK, tL) = tF(K, L)$

$F(K, L) = K \dfrac{\partial F}{\partial K} + L \dfrac{\partial F}{\partial L}$

A4：$F(K, L)$ 拟凹（现实应用中通常假设其具有严格凹性）

$F_{KK} < 0$；$F_{LL} < 0$

A5：Inada 条件

$\lim\limits_{K \to \infty} F_K = 0$，$\lim\limits_{K \to 0} F_K = \infty$

$\lim\limits_{L \to \infty} F_L = 0$，$\lim\limits_{L \to 0} F_L = \infty$

CES 函数情形下，有

$$\frac{\partial Y}{\partial K} = \left(-\frac{1}{\rho}\right)(\delta K^{-\rho} + \mu L^{-\rho})^{-\frac{1}{\rho}-1}\delta(-\rho)K^{-\rho-1}$$

$$= \delta\left(\frac{Y}{K}\right)^{1+\rho}$$

由假设条件可知，$\dfrac{\partial Y}{\partial K} > 0, \dfrac{\partial^2 Y}{\partial K^2} = \delta(1+\rho)\left(\dfrac{Y}{K}\right)^{\rho}\dfrac{d\left(\dfrac{Y}{K}\right)}{dK}$

而 $\delta(1+\rho)\left(\dfrac{Y}{K}\right)^{\rho} > 0$

所以要想证明 $\dfrac{\partial^2 Y}{\partial K^2}$ 的符号，只需证明 $\dfrac{d\left(\dfrac{Y}{K}\right)}{dK}$ 的符号。

$$\frac{d\left(\dfrac{Y}{K}\right)}{dK} = \frac{(dY/dK)K - Y}{K^2}$$

$$= \frac{\delta\left(\dfrac{Y}{K}\right)^{1+\rho}K - Y}{K^2}$$

$$= \frac{Y}{K^2}\left(\frac{1}{1 + \dfrac{\mu L^{-\rho}}{\delta K^{-\rho}}} - 1\right)$$

$\because \dfrac{\mu L^{-\rho}}{\delta K^{-\rho}} > 0$

$\therefore \dfrac{d\left(\dfrac{Y}{K}\right)}{dK} < 0$

$\therefore \dfrac{\partial^2 Y}{\partial K^2} < 0$

当 $\rho \to 0$ 时，也就是函数形式变为 C—D 函数时，可以很容易地得出

$$\frac{d\left(\dfrac{Y}{K}\right)}{dK} = \frac{Y}{K^2}\left(\frac{1}{1 + \dfrac{\mu}{\delta}} - 1\right) < 0$$

因此，$\dfrac{\partial^2 Y}{\partial K^2} < 0$

由以上证明可知，随着资本的增加，资本的回报率下降。

取 (K_A, L_A) 和 $(K_B, L_B + \Delta L)$，其中 $K_A < K_B$

当 $\Delta L = 0$ 时，

由 $\dfrac{\partial^2 Y}{\partial K^2} < 0$ 可知，

$$\frac{\partial Y}{\partial K_A} > \frac{\partial Y}{\partial K_B}$$

说明当劳动力不发生流动时，随着资本的增加，资本回报率下降。

当 $\Delta L \neq 0$ 时，

$$\frac{K_B}{K_A} = \lambda_1$$

$$\frac{L_B}{L_A} = \lambda_2$$

若使 $\dfrac{\partial Y}{\partial K_A} = \dfrac{\partial Y}{\partial K_B}$，有

$$\left(\frac{K_B}{K_A}\right)^{1+\rho} = \left\{ \left(\frac{\left[\delta K_B^{-\rho} + \mu (L_A + \Delta L)^{-\rho} \right]^{-\frac{1}{\rho}}}{\left(\delta K_A^{-\rho} + \mu L_A^{-\rho} \right)^{-\frac{1}{\rho}}} \right) \right\}^{1+\rho}$$

$$\frac{\delta K_B^{-\rho}}{\delta K_A^{-\rho}} = \frac{\delta K_B^{-\rho} + \mu (L_A + \Delta)^{-\rho}}{\delta K_A^{-\rho} + \mu L_A^{-\rho}}$$

$$\because \delta + \mu = 1$$

$$\frac{K_B^{-\rho}}{K_A^{-\rho}} = \frac{K_B^{-\rho} + \mu \left[(L_A + \Delta L)^{-\rho} - K_B^{-\rho} \right]}{K_A^{-\rho} + \mu (L_A^{-\rho} - K_A^{-\rho})}$$

$$\Delta L = K_B - K_A$$

若使等式成立，则 $\Delta L > 0$，这一不等式条件同样适用于 C—D 函数情形。

这说明资本增加导致资本回报率下降，而通过劳动力增加抑制了资本回报率的下降。即当劳动力丰富地区的剩余劳动力外流抑制资本丰富地区资本外流时，便形成了产业区域黏性。这在一定程度上可以解释东部产业为何迟迟没有向中西部地区发生转移的原因。

令 $\dfrac{K_B}{K_A} = \lambda_1$，$\dfrac{L_B}{L_A} = \lambda_2$，其中 $L_B = L_A + \Delta L$

进一步地，我们假设当出现 $\lambda_1 > \lambda_2$ 时，即资本增长幅度大于劳动力增长幅度时

$$\frac{\partial Y}{\partial K_A} > \frac{\partial Y}{\partial K_B}$$

这说明由于资本的无限增长，而劳动力增长受到限制时，劳动力增加不能抑制资本回报率的下降，才使地区资本转移成为可能。只有通过产业转移，该地区资本回报率才有可能上升，经济才有可能不发生停滞，此时产业转移不再具有黏性。

二 实证检验

(一) 模型设定及变量解释

本节选取江苏、浙江、上海和广东四个东部地区开放程度较高、承接国外产业转移较早的省份进行分析，研究选择的时期为2000—2009年，引入对 i 个个体连续观察 t 时期所得到的面板数据回归模型进行估计。

已有研究中，陈刚等 (2001) 以 C—D 函数为基础构造了承接产业转移效应模型，以产业转移前后的生产函数差作为衡量产业转移效用的指标，构造了效用函数；宋可 (2010) 利用基于 DEA 方法的 Malmquist 指数方法，以苏北五市承接苏南产业转移的项目个数、新开工项目投资金额及实际引资金额三个变量构成投入变量，衡量苏北五市承接产业转移的效率；张存菊等 (2010) 以江苏省地区生产总值作为被解释变量分析产业转移效率；考虑到东部省份产业转移的主要方式为外商直接投资，分析东部省份向中西部进行产业转移时，一般以前一轮的外商直接投资作为衡量产业转移的变量 (冯邦彦等，2009)。这些文献尚未对产业转移水平进行统一量化，分析中采用 FDI 描述产业转移效果，作为模型的被解释变量，考察集聚效应、基础设施水平、劳动力成本、人力资本、资本存量、市场容量和对外开放程度对该地区产业转移的影响。模型设定为

$$fdi_{it} = \alpha_0 + \alpha_1 fdi_{-1it} + \alpha_2 Infra_{it} + \alpha_3 wage_{it} + \alpha_4 hr_{it} + \alpha_5 gdp_{it} + \alpha_6 k_{it} + \alpha_7 open_{it} + \varepsilon_{it} + \mu_{it}$$

模型中各解释变量定义如下：

集聚效应：由于外商直接投资具有较强的集聚效应，而且路径依赖明显 (李国平等，2007；冯邦彦等，2009)，一个地区承接产业转移越多，越能通过这种集聚效应自我强化，对新转移产业的吸引力就越大，我们用前一期的 FDI 水平 (fdi_{-1}) 来衡量这种集聚效应。

基础设施水平：基础设施水平的高低决定了运输成本，高水平的基础设施可以通过降低运输成本达到吸引产业转入的目的，同时也可能对产业转移黏性产生影响，由于运输成本的降低，导致产业转移出现黏性。该变量由各地区 (铁路运输里程 + 公路运输里程)/面积来度量。

劳动力成本：如前文所述，劳动力成本是产业是否发生转移的重要因素，对于东部地区而言，是否会出现由于劳动力的自由流动带来劳动力成本仍然具有比较优势从而导致产业转移出现黏性，我们采用各地区职工年

平均工资来刻画劳动力成本。

人力资本：东部地区近些年产业结构不断优化，高技术领域吸引外商投资的幅度不断增加，产业结构出现高技术化和重型化趋势，企业对承接地人力资源水平要求提高，因此人力资源丰富的地区能够吸引到更多的产业转移，我们定义人力资本由各地区科学研究、技术服务业人员年末职工人数占全部职工人数的比重来衡量。

资本存量：产业转移过程中，承接地要具备一定的工业基础，转出地对承接地的资本存量有一定的要求，现实中，地区间的产业转移一般以固定资产投资为标志，因此我们采用固定资产投资额来反映资本存量。

市场容量：市场容量反映了一个地区的市场规模大小，具有较大市场容量的地区能够吸引较多的外商投资，从而在一定意义上对该地区下一轮的产业转移存在影响，我们采用平减后的 GDP 来度量地区市场容量。

对外开放程度：对外开放程度度量一个地区与国际市场连接的紧密程度，开放度越高，越能吸引更多的外商投资，对以外商投资为主的转移产业吸引力越大，使得转移产业在当地发展更为容易，设该变量由各地区进出口总额占 GDP 的比重来衡量。

（二）数据来源及说明

数据来自 2000—2009 年江苏、浙江、上海和广东四省统计数据，其中被解释变量 fdi 采用各地区在考察期内的实际利用外资额，fdi_{-1} 采用 1999—2008 年各地区实际利用外资额。各项数据均以相应的价格指数或总额指数进行平减处理，转换为按 2000 年可比价格进行计算。样本数据均来自《中国统计年鉴》和《新中国六十年统计资料汇编》。除 $\ln fra$、hr 和 $open$ 三个变量外，其余变量由于是绝对数，因此采用自然对数形式。此时，模型修正为

$$\ln fdi_{it} = \alpha_0 + \alpha_4 hr_{it} + \alpha_5 \ln gdp_{it} + \alpha_6 \ln k_{it} + \alpha_7 open_{it} + \varepsilon_{it} + \mu_{it}$$

（三）实证结果分析

估计结果一共包含五个模型，其中表示市场容量的变量 $\ln gdp$、资本存量的变量 $\ln k$ 和对外开放程度的变量 $open$ 作为前四个模型的控制变量。$\ln fdi_{-1}$、$infra$、$\ln wage$ 和 hr 四个变量均在统计上显著，说明这四个变量都能够解释影响产业转移的因素。第五个模型包括这四个变量以及前四个模

型中的所有控制变量（如表5–1所示）。

模型1的方程为

$$\ln fdi_{it} = \alpha_0 + \alpha_1 \ln fdi_{-1it} + \alpha_5 \ln gdp_{it} + \alpha_6 \ln k_{it} + \alpha_7 open_{it} + \varepsilon_{it} + \mu_{it}$$

在控制了市场容量、资本存量和开放程度后，滞后一期的外商直接投资的估计系数显著，集聚效应解释了产业转移因素的75%。由于边际贡献的大小会随要素集中度或丰裕度递增，因此产生集聚效应或规模报酬递增效应，发生要素向丰裕地区集聚。目前，东部地区集聚效应已经形成，即使劳动力等要素成本上升，由于路径效应的存在，产业向外转出的动力在一定程度上受到抑制。

模型2的方程为

$$\ln fdi_{it} = \alpha_0 + \alpha_2 \ln fra_{it} + \alpha_5 \ln gdp_{it} + \alpha_6 \ln k_{it} + \alpha_7 open_{it} + \varepsilon_{it} + \mu_{it}$$

该模型验证了基础设施对产业转移的影响，估计系数为正，且显著。一个地区基础设施水平直接关系到该地区吸引外资的能力也即我们分析的产业转移能力，由于东部地区基础设施水平相对完善，为承接国外产业转移创造了良好的条件。另外，由于基础设施水平的不断提高，可以弥补地区间的运输成本，使得东部企业在竞争中获得成本优势，可能会造成产业移出的缓慢。

模型3的方程为

$$\ln fdi_{it} = \alpha_0 + \alpha_3 \ln wage_{it} + \alpha_5 \ln gdp_{it} + \alpha_6 \ln k_{it} + \alpha_7 open_{it} + \varepsilon_{it} + \mu_{it}$$

分析了劳动力成本在产业转移中的影响能力，估计系数为负且显著。这说明劳动力成本优势仍然是东部地区吸引产业转移的一个重要因素。从而可以验证第二部分的结论，在要素流动性存在差异的条件下，流动性低的要素黏住流动性高的要素，东部地区的资本黏住了劳动，使得东部地区仍然具有劳动力的比较优势，而较低的劳动力成本在一定程度上抑制了东部地区向中西部地区的产业转移。

模型4的方程为

$$\ln fdi_{it} = \alpha_0 + \alpha_4 hr_{it} + \alpha_5 \ln gdp_{it} + \alpha_6 \ln k_{it} + \alpha_7 open_{it} + \varepsilon_{it} + \mu_{it}$$

考虑人力资本对产业转移的影响，该系数为正且显著，说明人力资本丰裕的地区能吸引更多的产业集聚，就算该地区的劳动力成本较高，但由于丰富的人力资本仍然能够抵消由于劳动力成本上升带来的企业成本的增加，这也验证了当前东部地区存在的产业转移黏性问题。

模型5在控制变量的基础上加入前四个模型中的解释变量，综合分析产业转移的各影响因素的作用及程度。除开放程度变量外，其余变量均显著，说明集聚效应、基础设施水平、劳动力成本、人力资本、资本存量和市场容量均在一定程度上影响东部地区的产业转移，而对外开放程度系数不显著，说明一个地区开放程度并没有对该地区产业转移产生影响。

表5-1　　　2000—2009 年东部地区产业转移影响因素估计结果

	模型1	模型2	模型3	模型4	模型5
常数项	1.538 (6.24)***	6.528 (11.11)**	1.049 (5.02)**	1.894 (6.89)**	1.323 (5.27)**
前一期 外商投资	0.756 (6.58)**				0.821 (8.72)**
基础设施水平		0.032 (1.73)**			0.034 (1.82)***
劳动力 成本			-0.634 (-5.83)***		-0.018 (-0.65)**
人力资本				0.101 (2.01)***	0.027 (1.68)**
市场容量	0.078 (2.77)**	0.156 (2.78)**	0.151 (2.97)***	0.062 (2.37)**	0.053 (2.02)*
资本存量	0.143 (2.53)***	0.656 (4.72)**	0.230 (3.76)**	0.844 (8.93)**	0.109 (2.23)**
开放程度	-0.057 (-0.63)*	-0.063 (-0.78)*	-0.160 (-1.02)*	-0.002 (-1.38)	-0.088 (-0.76)
调整后的 R^2	0.793	0.749	0.786	0.757	0.895

注：括号内为 t 值（双尾检验），*、** 和 *** 分别表示在10%、5%和1%的水平上显著。

通过实证结果发现，除劳动力成本外，影响东部地区产业转移的因素至少还包括以下几个方面：一是该地区外商投资的集聚影响，由于集聚的作用在一定程度上延缓了产业的转出；二是基础设施的影响，良好的基础设施对地区经济发展作用不容忽视，然后由于基础设施水平的不断提高，使企业的成本大大降低，从而在一定程度上抑制了企业向外转出的动力；三是人力资本水平，通过实证模拟，可以看出当一个地区不再具有劳动力成本优势时，人力资本也是产业转移存在黏性的一个重要因素。

三 结论

在新古典理论框架下，通过基于 CES 函数的推导和对东部地区数据的验证，我们认为，劳动丰裕地区的剩余劳动力外流进一步抑制了资本丰裕地区的资本外流。劳动密集型企业不用通过资本西迁，便可获得较为廉价的劳动力，从而存在产业转移黏性现象，因此没有出现梯度转移理论中所设想的随着经济发展，推移速度加快，进而缩小地区间梯度差距，实现经济均衡发展。

从要素价格均等化的视角出发，也可以在一定程度上说明东部目前与西部相比，仍然存在劳动力成本的比较优势，根据要素价格调整定理（FPA）和要素价格不敏感定理（FPI）（Edward E. Leamer 和 James Levin-sohn，1994），由于劳动力的自由流动，保证了供给是丰富的，短期和中期内企业可以通过调整产出组合等行为使要素价格保持在稳定水平。

20 世纪 90 年代兴起的经济地理学从产业集聚的角度，部分地解释了产业出现黏性的原因。该理论认为，具有前后向联系的企业为了节约交易成本而集聚，但随着集聚程度的提高，集聚区的工资和地租等要素价格上涨，企业成本增加，当增加的成本大于节约的交易成本时，集聚程度下降，因此集聚程度随着交易成本的降低呈倒 U 形变化。当产业集聚程度处于倒 U 形的左边时，即使实施促进产业转移的政策，也不会收到预期效果。因此，如何判断产业集聚程度是否达到倒 U 形顶端，从而出台促进产业转移政策，缩小地区差距变得极为重要。

通过本节的研究，可以发现到目前为止，我国东部地区产业转移黏性仍然存在，导致东中西部大规模产业转移的条件还不成熟，在相当长时期内，通过产业转移来调整产业结构，实现区域协调发展还很困难，因此我们必须寻找更为有效的途径来解决目前存在的产业结构调整与扩大就业之间的矛盾。

第四节 本章小结

本章从要素视角切入，分析了中国区际产业转移的动力机制问题。首先，对影响区际产业转移的主要因素进行分析。第一，要素禀赋和流动性对区际产业转移的影响。从要素禀赋的角度来看，发达地区资本要素相对充裕，而欠发达地区的劳动力要素相对充裕。因此，发达地区的资本劳动比高于欠发达地区。由于资本的逐利性，资本将由报酬低的地区流向报酬高的地区，导致发达地区的资本劳动比长期高于欠发达地区，从而发达地区更适合生产资本密集型产品，而欠发达地区更适合生产劳动密集型产品。随后，我们从土地、劳动力、资本、技术和企业家才能五个方面分析了要素流动性对区际产业转移的影响。第二，区位对产业转移也起着至关重要的作用。文中从基础设施、运输成本和集聚程度三方面进行了分析。第三，讨论了制度和政府行为对区际产业转移的影响。在分析了主要影响因素之后，我们根据现实情况，提出了制约当前区际产业转移发生的几个因素，分别是：地区间经济发展不平衡、市场经济体制不完善、东部地区产业集群化、要素自由流动和来自欠发达地区的阻碍因素。

其次，本章第二节建立理论模型阐述了区际产业转移的发生机制，分析了要素在区际间流动的条件和微观主体的利益最大化决策条件，在此基础上推导了新古典和新经济地理对规模报酬假设不同的前提下，要素流动对发达地区和欠发达地区经济增长的影响。

最后，我们针对当前存在的产业转移黏性问题，在新古典理论框架下，通过基于 CES 函数的推导和对东部地区数据的验证，得出劳动丰裕地区的剩余劳动力外流进一步抑制了资本丰裕地区的资本外流。劳动密集型企业不用通过资本西迁，便可获得较为廉价的劳动力，从而存在产业转移黏性现象，因此没有出现梯度转移理论中所设想的随着经济发展，推移速度加快，进而缩小地区间梯度差距，实现经济均衡发展。

第六章 结论和政策建议

第一节 主要结论

本书在对产业转移理论和实证研究成果进行系统梳理的基础上，从微观和宏观两个不同视角对中国区际产业转移进行多维度的分解和测度，重点考察产业转移的微观基础和动力机制。

首先从企业视角出发，以影响企业迁移的相关因素为基础引入并拓展相关理论模型，实证检验各因素对迁移决策行为的影响。其次，运用微观经济学中的消费者行为理论和生产者行为理论进行建模，对区际层面上是否存在产业转移黏性进行分析，经过实证研究发现大规模的产业转移尚未发生。

通过对产业转移微观基础和动力机制的理论和实证考察，进一步深化了产业转移的研究，阐释了产业转移对我国经济发展所起的作用，为我国产业政策的制定和调整提供理论上的指导和借鉴。

本书的主要结论可以总结为：

（1）影响企业迁移的主要因素有：企业自身发展的选择促使企业进行迁移；迁入地资源供给优势吸引企业迁移；企业面临着生产成本逐年攀升的压力；企业迁移集群效应能够降低迁移成本和迁移风险；发达地区产业升级和环境压力迫使一些劳动密集型和污染型企业不得不做出迁移决定。

（2）通过对中国制造业企业数据对企业迁移的决定因素进行了实证检验，研究结果发现：与企业迁移行为理论研究相同，迁移倾向随着企业规模的扩大而降低；在企业年龄对迁移决策的影响上，本书得出了和以往研究不同的发现，即老企业和新企业同样具有较高的迁移倾向；我们将企业是否参与出口作为一项因素进行考量，结果显示出口企业并不像理论预期的对企业迁移具有正向影响，进一步分析出口企业的特质，本书认为出口企业较内销企业而言，具有较低的迁移倾向；服务于大市场的企业和拥有低水平基础设施的企业具有较高的迁移倾向。

（3）影响区际产业转移的主要因素有：要素禀赋和流动性，发达地区资本要素相对充裕，而欠发达地区的劳动力要素相对充裕。因此，发达地区的资本劳动比高于欠发达地区。由于资本的逐利性，资本将由报酬低的地区流向报酬高的地区，导致发达地区的资本劳动比长期高于欠发达地区，从而发达地区更适合生产资本密集型产品，而欠发达地区更适合生产劳动密集型产品；区位对产业转移也起着至关重要的作用；制度和政府行为对区际产业转移影响不可忽视。

（4）区际产业转移的发生机制：当要素市场完全竞争和区际间完全开放时，只要区际要素价格差不等于要素区际流动的边际成本，那么必然存在要素流动。对于劳动力要素来说，即使工资差等于迁移成本时，如果地区间效用不相等时，劳动力也会在区际间流动；在要素回报率不变的情况下，要素的流动必然会引起技术水平的变化，变化的方向取决于要素的流动方向；在规模报酬递增的假定下，要素流动有利于发达地区产出的增长，不利于欠发达地区产出增长，在规模报酬递减的假定下，要素流动对发达地区和欠发达地区产出的影响是不确定的。

（5）要素自由流动与产业转移黏性：针对当前存在的产业转移黏性问题，在新古典理论框架下，通过基于 CES 函数的推导和对东部地区数据的验证，得出劳动丰裕地区的剩余劳动力外流进一步抑制了资本丰裕地区的资本外流。劳动密集型企业不用通过资本西迁，便可获得较为廉价的劳动力，从而存在产业转移黏性现象，因此没有出现梯度转移理论中所设想的随着经济发展，推移速度加快，进而缩小地区间梯度差距，实现经济均衡发展。

第二节　政策建议

当要素流动性壁垒逐渐被打破后，资本、劳动力等要素和产业、企业开始向发达地区集聚。在这样的背景下，地区差异不断扩大。然而通过本书的分析，产业集聚并非仅仅来自地理优势，要素报酬率的比较优势是不容忽视的。欠发达地区的低要素报酬率必然导致要素向发达地区转移，而发达地区在规模报酬递增的现实条件下，会出现企业不断扩大再生产，从而企业数目和产业数量都会成倍增加，这就导致产业更加向发达地区集聚。这种情况的出现，就像恶性循环一样，发达地区由于产业集聚，企业扩张，经济得到快速发展，而欠发达地区失去了优势产业，流出了优势要素，使地区差距在一定程度上变得具有不可逆性。针对文章已经得出的结论，我们需要从以下几个方面着手来缩小地区差距，促进区际产业和经济的协调发展。

（1）企业追求利润最大化的属性为欠发达地区争取企业和产业的集聚提供了机会。作为欠发达地区的政府而言，加大投资环境建设和产业产品的配套能力建设，可以直接降低企业的生产成本和运输成本。

（2）区际差距不断扩大的一个重要原因就是发达地区的要素报酬率远高于欠发达地区。从缩小差距的角度来看，我们必须要提高欠发达地区的要素报酬率。除此之外，国家应该给予欠发达地区一定的技术支持。要素报酬率的提高是本地市场需求能够得以扩张的基础，本地需求增加后，会加速企业和产业的扩张，从而吸引更多的要素需求，进而要素报酬率进一步提高，长此以往形成良性循环，地区经济差距将会逐步缩小。

（3）打破要素、产业和产品间的流动性壁垒显得尤为重要，壁垒的存在必然导致了效率损失。对欠发达地区政府而言，首先需要改善的是当地的基础设施情况。当交通基础设施得到改善后，本地与国内外市场的联系变得更为便利，从而削弱了欠发达地区人为构造的要素和产业壁垒，使地方保护主义不再横亘于要素流动和产业转移当中。

（4）作为欠发达地区，除了发挥自身具有的资源绝对优势之外，不可忽视比较优势的作用。通过企业迁移和产业转移，扩大和相邻地区之间的要素产品的相互流动，积极发展比较优势产业，从而实现产业的调整和升级。

参考文献

1. 阿瑟·刘易斯：《国际经济秩序的演变》，商务印书馆1984年版。

2. 白玫：《企业迁移的三个流派及其发展》，《经济学动态》2005年第8期。

3. 陈刚、陈红儿：《区际产业转移理论探微》，《贵州社会科学》2001年第4期。

4. 陈红儿：《区际产业转移的内涵、机制、效应》，《内蒙古社会科学》（汉文版）2002年第1期。

5. 陈计旺：《区际产业转移与要素流动的比较研究》，《生产力研究》1999年第1期。

6. 陈建军：《中国现阶段的产业区域转移及其动力机制》，《中国工业经济》2002年第8期。

7. 陈建军：《要素流动、产业转移和区域经济一体化》，浙江大学出版社2009年版。

8. 陈伟鸿、王会龙：《企业迁移的理论基础及其演变脉络》，《经济评论》2007年第3期。

9. 赤松要：《我国产业发展的雁行形态》，东京一桥论丛出版社1957年版。

10. 冯根福、刘志勇、蒋文定：《我国东中西部地区间工业产业转移的趋势、特征及形成原因分析》，《当代经济科学》2010年第2期。

11. 龚雪：《产业转移的动力机制与福利效应研究》，法律出版社2009年版。

12. 顾朝林：《产业结构重构与转移——长江三角地区及主要城市比较研究》，江苏人民出版社2003年版。

13. 胡济飞：《产业转移中企业迁移的制约因素分析》，《现代商业》2009年第12期。

14. 黄福才、李爽、魏敏：《梯度推移黏性形成机理研究》，《中央财经大学学报》2007 年第 9 期。

15. 蒋媛媛：《我国东部制造业企业迁移的趋势及其机理》，《经济管理》2009 年第 1 期。

16. 金碚：《新编工业经济学》，经济管理出版社 2005 年版。

17. 劳尔·普雷维什：《外围资本主义危机与改造》，商务印书馆 1990 年版。

18. 李国平、杨开忠：《外商对华直接投资的产业与空间转移特征及其机制研究》，《地理科学》2000 年第 2 期。

19. 李小建：《我国产业转移与中原崛起》，《中州学刊》2004 年第 5 期。

20. 李新春：《企业联盟与网络》，广东人民出版社 2000 年版。

21. 刘怀德：《经济发展中的企业迁移》，《财经理论与实践》2001 年第 5 期。

22. 刘力、张健：《珠三角企业迁移调查与区域产业转移效应分析》，《国际经贸探索》2008 年第 10 期。

23. 刘嗣明、童欢、徐慧：《中国区际产业转移的困境寻源与对策探究》，《经济评论》2007 年第 6 期。

24. 卢根鑫：《国际产业转移论》，上海人民出版社 1997 年版。

25. 鲁德银：《企业家行为、企业迁移、产业集群与农村城镇化政策》，《财经研究》2007 年第 11 期。

26. 路红艳：《"十二五"时期我国产业转移趋势及特点》，《中国经贸导刊》2011 年第 10 期。

27. 罗浩：《中国劳动力无限供给与产业区域黏性》，《中国工业经济》2003 年第 4 期。

28. 马子红：《基于成本视角的区际产业转移动因分析》，《财贸经济》2006 年第 8 期。

29. 马子红：《中国区际产业转移与地方政府的政策选择》，人民出版社 2009 年版。

30. 潘伟志：《产业转移内涵机制探析》，《生产力研究》2004 年第 10 期。

31. 钱文荣、邬静琼：《城市化过程中农村企业迁移意愿实证研究》，《浙江社会科学》2003 年第 1 期。

32. 上海财经大学区域经济研究中心：《2011 中国区域经济发展报告——

从长三角到泛长三角：区域产业梯度转移的理论与实证研究》，上海财经大学出版社 2011 年版。

33. 谭介辉：《从被动接受到主动获取》，《世界经济研究》1998 年第 6 期。

34. 王思文、祁继鹏：《要素流动性差异与地区间产业转移黏性》，《兰州大学学报》（社会科学版）2012 年第 2 期。

35. 王文成、杨树旺：《中国产业转移问题研究：基于产业集聚效应》，《中国经济评论》2004 年第 8 期。

36. 王先庆：《产业扩张》，广东经济出版社 1998 年版。

37. 王业强：《国外企业迁移研究综述》，《经济地理》2007 年第 1 期。

38. 魏后凯、白玫：《中国上市公司总部迁移现状及特征分析》，《中国工业经济》2008 年第 9 期。

39. 魏后凯、白玫：《中国企业迁移的特征、决定因素及发展趋势》，《发展研究》2009 年第 10 期。

40. 魏后凯、白玫、王业强等：《中国区域经济的微观透析》，经济管理出版社 2010 年版。

41. 魏后凯：《产业转移的发展趋势及其对竞争力的影响》，《福建论坛》（经济社会科学版）2003 年第 4 期。

42. 魏敏、李国平、王巨贤：《我国梯度推移黏性性质及其原因的研究》，《当代财经》2004 年第 8 期。

43. 魏敏、李国平：《基于区域经济差异的梯度转移黏性研究》，《经济地理》2005 年第 1 期。

44. 温胜精：《关于三线企业迁移的思考》，《航天工业管理》2004 年第 8 期。

45. 吴安：《中国产业及劳动力逆向流动分析》，《中国工业经济》2004 年第 12 期。

46. 吴晓军、赵海东：《产业转移与欠发达地区经济发展》，《当代财经》2004 年第 6 期。

47. 武前波、宁越敏、李英豪：《中国制造业 500 强集中度变化特征及其区域效应分析》，《经济地理》2011 年第 2 期。

48. 肖顺发：《论产业转移的政府作用》，《中国集体经济》2007 年第 8 期。

49. 小岛清：《海外投资的宏观分析》，文真堂出版社 1989 年版。

50. 谢丽霜：《产业梯度转移滞缓原因及西部对策研究》，《中央民族大学学报》（哲学社会科学版）2005 年第 5 期。

51. 徐向红、杨占辉、黄波：《山东省承接美国中小企业产业转移的考察研究》，《东岳论丛》2004 年第 5 期。

52. 羊绍武：《产业转移战略论》，西南财经大学出版社 2008 年版。

53. 杨菊萍、贾生华：《企业迁移的动因识别——基于内容分析法的研究》，《地理科学》2011 年第 1 期。

54. 衣长军：《闽东南地区民营企业迁移与投融资环境优化研究》，《哈尔滨学院学报》2005 年第 11 期。

55. 云伟宏：《有关产业转移的两个伪命题》，《国际经济合作》2010 年第 8 期。

56. 张玉、江梦君：《安徽承接长三角产业梯度转移的微观视角研究》，《中国集体经济》2011 年第 2 期。

57. 张经强：《区域技术扩散与产业梯度转移问题研究》，经济管理出版社 2009 年版。

58. 张卫红：《产业转移的动力机制及评价指标分析》，《学术论坛》2010 年第 11 期。

59. 张新芝、陈斐：《基于系统基模的企业迁移机理分析》，《华东经济管理》2010 年第 11 期。

60. 张彦博、郭亚军、曲红敏：《成本视角下 FDI 的区位选择与产业转移》，《东北大学学报》（自然科学版）2010 年第 2 期。

61. 赵奉军：《民营企业大迁移的经济学》，《科技信息》2003 年第 8 期。

62. 赵堂高：《广西承接产业转移的动力机制研究》，《市场论坛》2007 年第 11 期。

63. 郑燕伟：《产业转移理论初探》，《中共浙江省委党校学报》2000 年第 3 期。

64. Anderson, S. P., De Palama, A., Gap – Seon Hong, "Firm Mobility and Location Equilibrium", The Canadian Journal of Economics, No. 25, 1992, pp. 76 – 88.

65. Barbier, E. B., Hultberg, P. T., Economic Integration, Environmental Harmonization and Firm Relocation, Working Paper, Department of Eco-

nomics and Finance, University of Wyoming, 2001.

66. Baudewyns, D. , Ben Ayad, M. , Sekkat, K. , Infrastructure Publique et Localization Desentreprises a Bruxelles et en Wallonie. In M. Beine and F. Docquier (eds.) , La Politique de Developpement local et l'infrastructure Publique: Burxelles et Wallonie, Burxelles, 2000.

67. Brouwer, A. E. I. Mariotti, Jos N. van Ommeren, The Firm Relocation Decision: An Empirical Investigation, The Annals of Regional Science, Springer – Verlag, 2004, pp. 335 – 347.

68. Buckley, Peter J. , Jean – Louis Mucchieli. 1997 Multinational Firms and International Relocation, Cheltenham, UK: Edward Elgar.

69. Cameron, G. C. , Clark, B. D. , Industrial Movement and the Regional Problem, University of Glasgow Social and Economic Studies. Occasional Paper No. 5 Edinburgh: Oliver & Boyd, 1966.

70. Cyert, R. M. , J. G. , A Behavioral Theory of The Firm. Englewood Cliffs, Prentice Hall, 1963.

71. Dunning, J. , The Paradigm of International Production, Journal of International Business Studies (Spring) , 1988.

72. Erikson, R. A. , Wasylenko, M. , "Firm Relocation and Site Selection in Suburban Municipalities", Journal of Urban Economics, No. 8, 1980, pp. 69 – 85.

73. Garwood, J. D. , "An Analysis of Postwar Industrial Migration to Utah and Colorado", Economic Geography, Vol. 29, No. 1, 1953, pp. 9 – 88.

74. Hanson, Gordon H. , Raymond J. Mataloni, Jr. , Matthew J. , Slaughter, "Vertical Production Networks in Multinational Firms", Review of Economics and Statistics, Vol. 87, No. 4, 2005, pp. 664 – 67.

75. Hayter, R. , The Dynamics of Industrial Location: the Factory, the Firm and the Production System, New York: Wiley, 1997.

76. Head, K. , J. Ries, D. Swenson, "Agglomeration Benefits and Location Choice: Evidence from Japanese Manufacturing Investments in the United States", Journal of International Economics, No. 38, 1995, pp. 223 – 247.

77. Holl, A. , "Manufacturing Location and Impacts of Road Transport Infrastructure: Empirical Evidence from Spain", Regional Science and Urban

Economics, Vol. 34, No. 3, 2004, pp. 341 – 363.

78. Isard, W. , Location and Space – economy, New York: Wiley, 1956.

79. Jouke van Dijk, Pellenbarg P. H. , "Firm Relocation Decision in the Netherlands: An Ordered Logit Approach", Papers in Regional Science, No. 79, 2000, pp. 191 – 291.

80. Keeble, D. , Industrial Location and Planning in the United Kingdom, London: Methuen & Co. , 1976.

81. Kojima, K. , Direct Foreign Investment: A Japanese Model of Multinational Business Operations, New York; Praeger, 1978.

82. Krugman, P. R. , "Increasing Return and Economic Geography", Journal of Political Economy, No. 99, 1991, pp. 13 – 21.

83. Hakanson, L. , Towards a Theory of Location and Corporate Growth, In Hamilton, F. E. eds. Spatial Analysis, Industry and the Industrial Environment, I: Industrial System, Chichester: Wiley, 1979.

84. Lee, Y. , Geographic Redistribution of US Manufacturing and the Role of State Development Policy, Working Paper 04 – 15, Federal Reserve Bank of Cleveland, 2004.

85. Leovan Wissen, Veronique Schutjens, Geographical Scale and the Role of Firm Migration in Spatial Economic Dynamics, 2005.

86. Lloyd, P. E. , Dicken, P. , Location in Space. 2nd Edition. Harper & Row, 1977.

87. Taylor, M. J. , "Organizational Growth, Spatial Interaction and Location Decision – making", Regional Studies, No. 9, 1975, pp. 313 – 323.

88. Mclaughlin, G. E. , Robock, S. , Why Industry Moves South: A Study of Factor Influencing the Recent Location of Manufacturing Plants in the South, Kingsport Press, National Planning Association, Kingsport Tennessee, 1949.

89. Molle, Willem, "Industrial Mobility – A review of Empirical Studies and An Analysis of the Migration of Industry from the City of Amsterdam", Regional Studies: The Journal of the Regional Studies Association, Vol. 11, No. 5, 1977, pp. 323 – 335.

90. Nakosteen, R. A. , Zimmer, M. A. , "Determinants of Regional Migration by Manufacturing Firms", Economic Inquiry, No. 50, 1987, pp. 351 – 362.

91. Oranta, G. , Santagata, W. , "Industrial Mobility in the Turin Metropolitan area 1961 – 1977", Urban Studies, No. 20, 1983, pp. 59 – 71.

92. P. Dicken. , Lloyd, P. , Location in Space: Theoretical Perspectives in Economic Geography, 3Vd. ed. New York: Harper Collins, 1990.

93. P. Dicken, "Global – Local Tensions: Firm and States in the Global space – economy", Economic Geography, Vol. 70, No. 2, 1994, pp. 101 – 128.

94. Pellenbarg P. H. , van Wissen L. J. G. , van Dijk J. , Firm Migration, Industrial Location Economics P. McCann. Cheltenham, Edward Elgar, 2002, pp. 110 – 148.

95. Pellenbarg, P. H. , Firm Migration in the Netherlands, Paper for the 45th ERSA Congress, August, Amsterdam, 2005.

96. Pen C J, Pellenbarg P. H. , Firm Migration and Central Government Policy: An Overview, Paper Presented at the RSA Conference, 1998.

97. Pennings E. , Sleuwaegen L. , "International Relocation: Firm and Industry determinants", Economics Letters, No. 67, 2000, pp. 179 – 186.

98. Pred, A. R. , "Behavior and Location: Foundations for A Geographic and Dynamic Location Theory: Part I. University of Lund", Lund Studies in Geography B, No. 27, 1967.

99. Rawstron, E. M. , "Three Principles of Industrial Location", Transactions of the Institute of British Geographers, No. 25, 1958, pp. 32 – 142.

100. Raymond Vernon, International Investment International Trade in the Product Cycle, Quarterly Journal of Economics, May, 1966.

101. Scott, P. , Firm Migration to Britain in the Aftermath of the 1931 Emergency Tariff, http: //hds. essex. ac. uk/, 2002.

102. Simon, "A Behavioral Model of Rational Choice", Quarterly Journal of Economics, 1959, pp. 99 – 118.

103. Smith, D. M. , "A Theoretical Framework for Geographical Studies of Industrial Location", Economic Geography, No. 42, 1966, pp. 96 – 113.

104. Smith, D. M. , Industrial Location: An Economic Geographical Analysis, New York: Wiley, 1971.

105. Strauss – Kahn, V. , Vives, X. , Why and Where Do Headquarters Move Discussion Paper No. 5070, Centre for Economic Policy Research, 2005.

106. Townroe, P. M., "Some Behavioral Considerations in the Industrial Location Decision", Regional Studies, No. 6, 1972, pp. 261 – 272.

107. Watts, H. D., The large industrial enterprise, London: Croom Helm, 1980.

后 记

本书是在我的博士学位论文基础上加工整理而成的，是对中国区际产业转移的微观基础及动力机制问题研究的一个尝试和阶段性总结。在本书的写作和修改过程中，吸收了评阅和答辩专家的意见，对相应结构和部分进行了完善。在此感谢匿名评阅专家及答辩委员会成员：中国人民大学商学院谷克鉴教授、王晓东教授，北京大学光华管理学院龚六堂教授，中国社科院财经战略研究院于立新研究员和北京工商大学何明珂教授在论文答辩过程中提出的宝贵修改意见。

感谢我的博士生导师中国人民大学商学院王亚星教授。五年前，带着对人大的憧憬和向往投师于王老师门下。三年的博士学习过程，得益于导师的悉心教导，每次的师门讨论，都让我受益匪浅。

感谢我的硕士生导师兰州财经大学蔡文浩教授。十年前，我转行到经济学领域，师从老师学习国际贸易学，艰难的过程有了一个坚实的开始，时至今日，每一个进步都离不开老师的精心栽培。

感谢中国人民大学商学院 2010 级产业经济学博士班的各位同学在三年学习生活中像家人一样给予的温暖，感谢师兄贾戎博士和师妹熊云影、魏兰霁在博士学位论文答辩过程中给予的帮助。感谢父母对我求学道路的支持和鼓励，感激于他们无微不至的培养和关爱。

在本书写作过程中参阅了大量的国内外相关研究文献，这些文献对笔者都有着十分重要的启迪，对直接引用的文献都尽可能地一一注明出处，对参阅的文献在文末也都逐一列出，但也有可能忙中有所遗漏，如有遗漏，敬请原作者谅解。在此对所有直接引用或参阅文献的作者表示诚挚的谢意。

本书的出版过程感谢中国社会科学出版社各位编辑老师的辛苦付出，感谢兰州财经大学国际经济与贸易学院领导和同事的支持，感谢兰州财经大学重点学科经费的资助和甘肃省自然科学基金的资助。

王思文
2015 年 5 月